A Filosofia na Cozinha

A Filosofia na Cozinha

Francesca Rigotti

DIREÇÃO EDITORIAL:
Marlos Aurélio

CONSELHO EDITORIAL:
Avelino Grassi
Fábio E. R. Silva
Márcio Fabri dos Anjos
Mauro Vilela

COPIDESQUE:
Leo Agapejev de Andrade

REVISÃO:
Thiago Figueiredo Tacconi

DIAGRAMAÇÃO:
Tatiana Alleoni Crivellari

CAPA:
Ana C. Viana

Título original: *La filosofia in cucina: piccola critica della ragion culinaria*
© Società editrice il Mulino, 2004.
Strada Maggiore, 37
40125 Bologna
ISBN: 978-88-15-23498-8
1ª impressão

Todos os direitos em língua portuguesa, para o Brasil,
reservados à Editora Ideias & Letras, 2016.

Rua Tanabi, 56 – Água Branca
Cep: 05002-010 – São Paulo/SP
(11) 3675-1319 (11) 3862-4831
Televendas: 0800 777 6004
vendas@ideiaseletras.com.br
www.ideiaseletras.com.br

Dados Internacionais de Catalogação na Publicação (CIP)
(Câmara Brasileira do Livro, SP, Brasil)

A filosofia na cozinha/ Francesca Rigotti;
[tradução: Alessandra Siedschlag]
São Paulo: Ideias & Letras, 2016

Título original: *La filosofia in cucina:*
piccola critica della ragion culinaria.
Bibliografia.

ISBN 978-85-5580-018-4

1. Alimentação - Filosofia 2. Culinária - Filosofia I. Título.

16-03969   CDD-641.5

Índice para catálogo sistemático:
1. Cozinha e filosofia: Economia doméstica 641.5

À bela Lugano e aos amigos luganeses.

Agradecimentos

Meus agradecimentos a alguns amigos que me sugeriram passos culinário-filosóficos: Dario Borso, Tonino Tornitore, Davide Sparti; às bibliotecas que me facilitaram imensamente o trabalho: entre outras, a Biblioteca da Universidade de Lugano, pequena mas eficiente, principalmente na figura de seu diretor, Giuseppe Origgi, que me salvou de tantas dificuldades, pequenas e grandes; e a Biblioteca da Universidade de Göttingen, em particular a sede dentro do hospital, muito mais silenciosa, agradável, recolhida e acessível do que a sede central. Enfim, à equipe editorial da editora Il Mulino, mas particularmente a duas pessoas: Carla Carloni, por ter-me procurado, solicitado e seguido, fazendo com que me sentisse quase uma autora importante, daqueles autores que têm agente editorial, e Ugo Berti Arnoaldi, por suas constantes mensagens, sérias ou não, por carta ou *e-mail*.

Assinalo aqui que o oitavo capítulo, "Excesso de comida e palavra, ou o pecado da gula", foi impresso em uma versão mais extensa em *Intersezioni*, v. 19, n. 2, p. 157-183, 1999.

Sumário

Prefácio à segunda edição	**11**
Introdução	**17**
1 Saber e sabor	**23**
1.1 *Palavra e comida*	23
1.2 *Poesia e literatura alimentar (parte um)*	25
1.3 Intermezzo *pedagógico*	30
1.4 *Poesia e literatura alimentar (parte dois)*	32
2 Natureza e cultura	**37**
2.1 *O cozido e o cru*	37
2.2 *Questões de competência*	39
2.3 *A boca*	42
3 Teoria e prática de cozinhar palavras	**45**
3.1 *Cozinha e alquimia*	45
3.2 *Receitas e modelos ideais*	47
3.3 *O cozinheiro*	50

4 A cozinha filosófica   **59**

    4.1 *O uno e o múltiplo*   **59**

    4.2 *Digestão e assimilação*   **64**

5 O regime filosófico   **69**

    5.1 *A refeição de Atenas*   **69**

    5.2 *A dieta filosófica*   **74**

6 O apetite dos filósofos   **83**

    6.1 *Prazer da garganta e prazer do espírito*   **83**
    (Platão, Epicuro, Aristóteles)

    6.2 *Fome e sede da alma e do intelecto*   **87**
    (Dante)

    6.3 *Homens e mulheres na cozinha*   **91**
    (Kant, Condorcet)

    6.4 *Náusea e jejum do filósofo*   **96**
    (Sartre, Wittgenstein)

7 Comidas e bebidas filosóficas   **101**

    7.1 *O pão da verdade*   **101**

    7.2 *Palavras de leite*   **103**

    7.3 Ex ovo omnia   **105**

    7.4 *A fenomenologia do "espírito"*   **107**

8 Excesso de comida e palavra,   **113**
ou o pecado da gula

    8.1 *Vícios e pecados*   **113**

    8.2 *Ganância e loquacidade*   **117**

Referências   **127**

Prefácio à segunda edição

O livro *A filosofia na cozinha* tinha sido publicado havia pouco tempo (em dezembro de 1999) quando eu descobri os escritos de uma pessoa que, pensava exatamente como eu sobre a relação entre cozinha e filosofia, mesmo que não pertencesse à minha época. Trata-se de uma freira que viveu no México na segunda metade do século XVII, Sóror Juana Inés de la Cruz: Sóror Juana havia percebido a mesma analogia entre o pensar e o cozinhar que eu havia intuído, e que me havia permitido, com meu livro, abrir uma porta entre o local do estudo e o local da cozinha. Ao refletir sobre as atividades que estimulam o pensamento filosófico, Sóror Juana se admirava com a frequência com que sua mente era exigida, daquela forma, na cozinha. A freira mexicana, bem conhecida por sua produção literária, e não tanto por aquela filosófica, sustentava que "bien se puede filosofar y aderezar la cena" ("pode-se bem filosofar e preparar o jantar"), e não apenas isso, também que "si Aristóteles hubiera guisado, mucho mas hubiera escrito" ("se Aristóteles tivesse cozinhado, teria escrito muito mais").[1]

---

1 Sor Juana Inés de la Cruz, *The answer / La respuesta*. Nova Iorque: The Feminist Press, 1994.

Uma validação posterior daquela intuição peculiar veio-me depois, por meio de dois textos de estética, de duas autoras dos Estados Unidos, ambas dedicadas ao "gosto":[2] por gosto, aqui, entende-se a capacidade de notar e distinguir-se os sabores com os órgãos propostos a essa tarefa (portanto, principalmente a língua), mas também a capacidade de julgar e apreciar o belo. Ora, o sentido do paladar não apenas oferece o fundamento analógico do gosto estético – sustenta Carolyn Korsmeyer –, mas, de certa forma, esse sentido parece trabalhar *como* o senso estético. A experiência do paladar exige uma percepção individual direta. Não se pode julgar o ragu da receita sem experimentá-lo: provar o ragu é comê-lo. Da mesma forma, uma poesia, um quadro ou uma música devem ser vistos ou ouvidos para serem apreciados, não basta ler as críticas. Além disso, tanto a comida quanto o juízo estético estão ligados, no momento de saboreá-los e julgá-los, ao sentido de prazer e/ou de desgosto. A analogia--mãe da compreensão da beleza é, portanto, com o paladar. Lida assim, a analogia entre a cozinha e a filosofia se confirma. Todavia, o paladar, mesmo oferecendo o contexto conceitual para expressar juízos de apreciação da beleza, é, e continua sendo, um sentido "baixo", ligado às funções menos nobres do corpo. Das teorias filosóficas antigas, herdamos realmente uma escala de classificação que separa os sentidos altos (visão e audição) dos sentidos baixos (tato, olfato, paladar). Com base nessa escala, o paladar aparece como um sentido humilde, carnal, físico. Para exercitar o sentido do paladar, devemos realmente colocar as coisas na boca (que horror!), mastigá-las,

---

2 KORSMEYER, Carolyn. *Making sense of taste. Food and philosophy*, Ithaca, Londres: Cornell University Press, 1999; e McCRACKEN, Janet, *Taste and the household. The domestic aesthetic and moral reasoning*. Albany, NY: Suny, 2001. NT: Em italiano, *gusto* significa tanto "gosto" (sabor) como "paladar" (o sentido). Ao longo deste livro, intercalo as duas palavras em português, conforme o contexto do que é dito.

degluti-las; entramos em relação estreita com elas, as tocamos, as assimilamos. Como escreve Hegel em sua *Estética*, enquanto os sentidos da visão e da audição guiam o processo teórico e filosófico, os órgãos do tato, do paladar e do olfato estão na base de uma relação prática com as coisas; podemos degustá-las apenas entrando em contato direto com elas, ou melhor, no caso do paladar, destruindo-as.[3] Mas é apenas a falta de distância, a relação direta, o contato físico, material e quase primitivo com as coisas que não permitem o relacionamento a distância, o que consente a reflexão e a abstração que regem o conhecimento teórico dos universais.

A terceira confirmação da minha intuição chega, enfim, das análises de paladar feitas por Janet McCracken, uma autora que sustenta que a consciência moral e o juízo estético nascem no mundo doméstico. O trabalho doméstico, como aquele colocado na preparação da alimentação cotidiana, talvez seja fútil, irrelevante e repetitivo, mas comporta empenho e amor. Se eu sou o grande cozinheiro do famoso restaurante, cozinharei para um público anônimo, mesmo que meus pratos sejam muito bem pagos. Mas se eu for a cozinheira da casa, cozinharei para pessoas que a mim são caras, e prepararei para elas as coisas que agradam e que fazem bem. Ora, é exatamente esta atitude de cuidado, amor e atenção, com a qual as necessidades elementares da sobrevivência se satisfazem (como se come, se veste, se cuida da casa) que é fundamental – argumenta McCracken – para a formação do caráter moral de cada um. A capacidade de relacionar o juízo moral e o juízo estético que nascem em volta dos pequenos gestos domésticos de cozinhar, limpar, lavar, passar desenvolve o raciocínio moral, exatamente

---

3   HEGEL, G.W.F. *Estetica*. Turim: Einaudi, 1997, p. 1, 35.

como a prática de tocar escalas no piano potencializa a habilidade do concertista. Os objetos com os quais há mais tempo e com mais frequência lidamos, ou seja, aqueles que estão em casa, são os nossos mestres mais diretos em relação ao bem, ao belo e ao verdadeiro. É assim que a experiência doméstica do cuidado das pessoas e das coisas é capaz de estimular a reflexão filosófica.

Enfim, se outras pessoas andarem comigo pelo mesmo caminho, ressaltando a afinidade entre o pensamento abstrato e a atividade doméstica, digo, depois destas reflexões, esse caminho não será, então, tão peregrino. Urgem, todavia, outras questões, apesar destas garantias. Será por acaso que todas as autoras que citei (Sóror Juana, Carolyn Korsmeyer, Janet McCraken) são – eu incluída – mulheres? Talvez porque a filosofia na cozinha se adapte a um modo feminino – por história e ideologia, não por essência – de manipular as coisas e de pensar nelas? Talvez sim, mas não porque exista uma "natureza" feminina que modele comportamentos e formas do pensar. Apenas, de forma banal, porque as mulheres tenham tido familiaridade por tantos e tantos anos com o universo doméstico o qual se tecem os fios e se amassa o pão.

Ou será que o espaço do alimento, seja material ou filosófico, é prevalentemente feminino porque é amplamente doméstico, e as mulheres, por ideologia e por história, foram colocadas ali para cuidar do lar? Será que o alimento material ou filosófico parece ser um espaço feminino porque faz parte dele a rotina cotidiana da manutenção das criaturas, enquanto ao espaço masculino competem as ações heroicas individuais, públicas, políticas? Não estará aqui, novamente, aquela hierarquia que associa os sentidos altos, intelectuais e racionais ao masculino, e os sentidos baixos, sensuais e corpóreos ao feminino?

Enfim, se as virtudes que agem nos sentidos altos e distantes – visão e audição – são caracterizadas como masculinas, e as virtudes que agem nos sentidos baixos e próximos – paladar, tato, olfato – são caracterizadas como femininas, será que o alimento e o gosto recaem nas categorias baixas porque pertencem ao feminino (estou obviamente falando de funções emblemáticas e simbólicas)? Será, enfim, que as metáforas do gosto e da cozinha, as analogias entre a filosofia e a culinária terminam por criar desconforto por estarem demasiadamente comprometidas com âmbitos baixos, domésticos, femininos, privados, ou ainda mais perigosamente, com âmbitos de prazer? O feminino – diz-se – é belo, ou melhor, o belo é feminino; mas o sublime, sentencia Kant sem meias-palavras, é grande, é simples, em suma, é masculino.[4] E então, para concluir com as irônicas palavras com que a amável Sóror Juana se referia a quem negava às mulheres a capacidade de abstração e especulação, "¿Qué podemos saber las mujeras sino filosofías de cocina?" ("O que podemos saber, nós mulheres, além de filosofias de cozinha?").

---

4 KANT, Immanuel. *Osservazioni sul sentimento del bello e del sublime*. Milão: Rizzoli, 2002.

Introdução

> A uva-passa pode ser
> a melhor parte de um bolo;
> mas um pacote de uvas-passas
> não é melhor do que um bolo;
> e alguém que nos ofereça um
> pacote de uvas-passas não por
> isso será capaz de fazer um bolo
> com elas – tanto menos fazer
> algo melhor do que isso.
>
> L. Wittgenstein,
> *Pensieri diversi*, 1948.

Raramente, no século XIX, acontecia de uma mulher, afastando-se dos costumes femininos, pegar uma caneta. E as poucas que o faziam provavelmente não depusessem, para segurar a caneta, os apetrechos de cozinha, conchas, facas e pratos, porque não pertenciam à categoria de mulheres que os usavam; é mais provável que depusessem bordados ou alaúdes, livros de devoção ou aquarelas. Em nossos tempos bizarros, entretanto, acontece frequentemente que a mesma mão, feminina, geralmente, passe, no curso de um dia, todos os dias, da caneta ou do teclado do computador à faca que corta a cebola ou à concha que serve o caldo. Pelo menos, isso acontece com a minha mão. Às vezes acontece também de elas manusearem o forno de micro-ondas para aquecer um congelado, mas a prática permanece em limites dignos.

Os gestos do cozinhar, tão familiares e aparentemente insignificantes, parecem ligados apenas à arte ou à técnica de preparar alimentos crus e cozidos. Mas se trata de todo um sistema que converge na preparação dos alimentos, um método, um procedimento em que se alternam momentos de análise e de síntese. Porque fazer um prato é como escrever um ensaio e vice-versa: escrever um ensaio é como preparar um prato; é como se se usasse a mesma colher de pau para mexer um molho, se a ponta é larga e arredondada, ou para escrever um texto, se a ponta é fina e de grafite.

Nos dois âmbitos, pode-se improvisar ou seguir uma receita. O segundo sistema, tradicional e específico, previne geralmente contra surpresas na cozinha e no estudo: observar um andamento metódico e obsequioso da tradição, ao escrever um ensaio, evita críticas de colegas e de avaliadores: portanto, seguir o esquema: introdução, *status artis*, trabalhos de outros, trabalhos próprios, teses, provas, desenvolvimento, objeções, considerações individuais, resumo. Mas também pode-se seguir o primeiro método, o da improvisação. Neste caso, deixam-se de lado os pensamentos e ingredientes e se seguem analogias e inspirações, com o risco de o resultado ser pouco digerível, mesmo que muito original.

Receita ou inspiração exigirão, contudo, como uma base de partida irrenunciável, a coleta de ingredientes culinários ou de materiais culturais. Também aqui as coisas acontecem de forma parecida: os ingredientes e os materiais podem ser conseguidos prontos, no supermercado ou na biblioteca, confeccionados em vasinhos de poliestireno cobertos por celofane, ou na forma de escritos elaborados, ensaios, artigos, livros já publicados por outrem. Ou então se pode cultivar, criar, meditar pessoalmente, com um esforço muito superior, mas com um resultado seguramente maior em termos de frescor e genuinidade. Uma verdura semeada e colhida por nós, uma ideia produzida e cultivada por nós, são materiais/ ingredientes de uma qualidade bem diferente daqueles pré- -confeccionados. De forma realista, porém, devemos nos resignar a usar estes últimos, ou então nos valer de uma técnica mista: não podemos cultivar o cacau no jardim, nem podemos fazer nossa tradução pessoal do chinês nem do he- braico. Em suma, não nos resta nada além de nos adaptarmos às leis do mercado e tirar virtudes da necessidade, tirando da árvore do saber os frutos – frescos ou em conserva.

Os ingredientes e os materiais, então, são transportados à mesa da cozinha ou à escrivaninha – e só Deus sabe o que pesa mais, os sacos de compras ou as sacolas de livros – arru- mados em seus lugares, cortados em fatias ou em tiras, em cubos, em pedaços grandes e pequenos, salgados, marinados, aromatizados, temperados; registrados, divididos por assuntos, por autores, por épocas; resumidos, comentados, copiados... Em alguns casos, são colocados juntos, em grupos separa- dos, já cozidos e já pesados. Para a *ratatouille* devo cozinhar separadamente, um após o outro se eu estiver sozinha, ou em conjunto se eu tiver vários ajudantes (mas não os tenho), cada um com sua panela e seu fogão, pimentões, berinjelas, cebolas, abobrinhas, tomates; se em vez disso eu fizer ravióli ou uma torta de maçãs mais simples, devo preparar separa- damente a massa e o recheio, as frutas fatiadas e com gotas de limão para que não escureçam (mas as maçãs de hoje não escurecem mais, assim como os pimentões não são mais picantes, e as berinjelas não são mais amarguinhas como eram antes). Para um ensaio, uma resenha, um capítulo de um livro, um projeto de pesquisa, devo pesquisar, em folhas ou arquivos separados, partes já reunidas em outros escritos, preparando-as antecipadamente e deixando-as ali para repousar, como a massa para *crêpes* ou o *Kartoffelsalat* de que seguramente Heidegger gostava.

Enfim, o prazer de unir o todo, de abrir a massa ou o texto, ali juntando fatias de maçã, uvas sultanas e *pinoli* para o *Strudel*, ou metáforas, paralelismos e jogos linguísticos para o ensaio. E de ver que, no forno ou na panela, ou na composição do texto sobre a página branca, naquela forma finita, pensamentos e palavras se amalgamam e se fundem, como óleo e ovo na maionese, e produzem o resultado final que será oferecido como alimento ao público, ou será guardado na gaveta ou na geladeira para ser saboreado de forma privada, ou então aberto apenas algum tempo depois, para uma ocasião especial.

Frequentei muito os dois âmbitos, o da cozinha e o da escrita de ensaios filosóficos, e daí nasceu a ideia de confrontá-los, ideia esta que, frente aos fatos, provou-se não ser tão estranha assim. Os dois territórios, simbolizados especialmente por dois locais da casa, a cozinha e o escritório, que geralmente não têm muito a ver um com o outro, revelaram-se bem mais contíguos do que se podia imaginar. Por exemplo, alguns cozinheiros já se aventuraram a falar no espaço cultural-filosófico, assim como vários filósofos atravessaram, *incredibile dictu*, as fronteiras da cozinha, física ou metaforicamente, encontrando nestes locais material inspirador para suas obras.

Nenhum deles o fez de forma metódica: se Kant tivesse escrito a quarta crítica, a *Crítica da razão culinária*, aquela que seus comensais lhe sugeriram, divertidamente, compilar, teríamos hoje um esquema com o qual nos confrontar. Isso também teria acontecido se o poeta ático Ateneu, no século III a.C., além de exigir que a arte culinária alçasse a humanidade dos becos de uma alimentação bárbara de tipo antropofágico às alturas da civilização presente, tivesse oferecido uma representação mais detalhada de como seria, segundo ele, concebida a relação entre filosofia e culinária.

Mas todos estes belos propósitos não passaram de desejos jamais elaborados. Tal carência de material orgânico sobre o tema incide naturalmente no método do presente trabalho: a minha crítica da filosofia culinária não pode ir em frente rigidamente, seguindo um esquema histórico completo. Demasiadas são as lacunas entre um período e o outro, demasiado esporádicas e rapsódicas são as referências. A própria natureza do material de pesquisa me obriga, portanto, a uma reconstrução parcial, que se apoia em uma estrutura bastante flexível, adequada ao seu objeto.

Este objeto é o relacionamento entre o filosofar e o cozinhar, ambas atividades humanas muito antigas, frequentemente estranhas uma à outra também por causa da diferença de sexo entre aqueles que desenvolvem a primeira e as que exercitam a segunda. Cozinha, âmbito por excelência feminino, mesmo com muitos ingressos de elementos masculinos, sobretudo no que concerne à banda "alta" de seus préstimos – a cozinha sacrificial e a *haute cuisine*; a filosofia, território profundamente masculino, apesar de algumas incursões, significativas mas sempre pontuais e descontínuas, de elementos femininos.

Em particular, é a afinidade entre a elaboração do alimento exercitada pela culinária e a elaboração do pensamento praticada pela filosofia o que constitui o núcleo deste escrito, em torno do qual há muitas outras observações-satélite. A afinidade tal como é colhida e proposta no pensamento de Wittgenstein, não por acaso escolhido como epígrafe deste livro. Recorrendo à imagem da torta de uvas e das uvas sem torta, uvas todas juntas em um pacote, que não são *melhores que* uma torta, mesmo que sejam o que há de melhor *em uma torta*, Wittgenstein quer dizer que a filosofia dá o melhor de si no momento em que mistura, amassa e cozinha os pensamentos todos juntos, em vez de mantê-los separados como ditos esparsos ou como aforismos geniais, mas solitários – no momento, portanto, em que desenvolve a sua prática de maneira afim à culinária, mesmo que as duas artes se desenvolvam geralmente em locais distintos e não comunicantes entre si.

Mas vejamos, então, o que acontece quando arrombamos as portas dos dois locais, o dedicado à alimentação do corpo e o consagrado à nutrição do espírito, sala de refeições e sala de estudos, cozinha alimentar e cozinha filosófica, colocando-os em comunicação e observando as trocas de sentidos e de métodos, de um para o outro.

1

Saber e sabor

1.1 *Palavra e comida*

Conhecer e comer, palavra e comida, diz Rubem Alves, são feitos da mesma massa, são filhos da mesma mãe: a fome. Conhecendo, nós todos, esta experiência, compreendemos e usamos com naturalidade a linguagem do conhecimento alimentar, da palavra que é comida. É a linguagem que usa expressões como: *apetite* de conhecimento, *sede* de saber, *fome* de informações. Ou modos de dizer como: *devorar* um livro, *ficar indigesto* com os dados, *estar enjoado* de ler, estar *saciado* com a leitura; ou ainda, *mastigar* um pouco de latim, *ruminar* uma ideia, *digerir* um conceito; ou, enfim, usar palavras *doces*, reprimendas *amargas*, anedotas *picantes*, paralelismos *gostosos*.

As palavras são os nutrientes da mente, dizem estas expressões, confirmando o fato de que as ideias são alimento; alimento e nutrientes que entram e saem da panela de nosso corpo, através do orifício da boca, para serem depois amassados pela língua, digeridos pelo estômago, assimilados pelo intestino. Comer e conhecer são a mesma coisa, e as palavras e os alimentos coincidem no lugar de saída das primeiras e de entrada dos segundos, na boca, o órgão comum às duas funções, e no instrumento que os elabora e os liga, a língua:

> Por um lado, a boca é o lugar físico (o limite) em que as palavras e o alimento se cruzam; por outro lado, o mesmo órgão, a língua, desenvolve a mesma função (*ligare*) em relação aos alimentos e às palavras.[5]

Depois de terem atravessado o limite da boca e terem sido amassadas e ligadas pela língua, as palavras caem no estômago, recipiente real e simbólico em que se inspiraram, na forma, os alambiques da alquimia, e lá são retidas. Tornam-se, assim, parte dos conhecimentos adquiridos, das experiências feitas. Como tais, ficam ali, como dirá Agostinho, no "ventre da memória":

> A memória é em um certo sentido o ventre da mente, e o alimento, doce ou amargo, a alegria e a tristeza; uma vez ligadas à memória, estas não podem mais ter sabor [...]. E talvez então recordar seja como ruminar, fazer voltar da memória coisas do gênero, como o alimento do ventre,[6]

ventre que aqui tem a mesma função da boca e da língua, que consegue reter as lembranças, por ele ingeridas, digeridas, assimiladas, enfim, integralmente possuídas até tornarem-se parte dele. Comer tem a ver com lembrar, nota também Rubem Alves; ou, como disse Jesus aos seus discípulos: "Comei e bebei em minha memória [...]".[7]

---

5 CASAGRANDE, Carla; VECCHIO, Silvana. Metafora della lingua. Custodia della bocca e disciplina della parola nei secoli XII e XIII. *Aut aut*. Milão, v. 4, jul.-out. 1981, p. 59.

6 Agostinho, *Confessioni*, X, 14, 21.

7 ALVES, Rubem A., *O poeta, o guerreiro, o profeta*. Petrópolis: Vozes, 1995. Tradução

Ernest Hemingway também nota isto, de forma mais carnal, quando, no livro *Paris é uma festa*, faz a esposa dizer: "A memória é apetite".[8]

Mas se palavras e alimentos são a mesma coisa, se a afinidade entre conhecimento, memória e alimentação nos é tão familiar a ponto de nos consentir compreender imediatamente as expressões que elencamos acima, a consequência disto é que também natural nos será a " linguagem alimentar" aplicada à literatura, à arte, à filosofia.

1.2 *Poesia e literatura alimentar (parte um)*

O poeta grego Píndaro já dizia, sobre sua poesia, que ela tinha algo de comer, que a sua lírica era uma bebida deliciosa e que seu canto (*melos*) lhe parecia, no jogo das assonâncias, doce como o mel (*méli*).[9] Até mesmo alguns gêneros literários eram expressos na Antiguidade clássica com metáforas culinárias: a "sátira" tinha o significado do prato formado por vários ingredientes, "prato misto";[10] a "farsa", por sua vez, remonta à ideia do recheio, e originariamente denotava exatamente um pequeno interlúdio cômico que recheava uma representação séria.[11] Metáforas da escrita compreendida como arte de misturar e cozinhar materiais crus são comuns: elas manifestam a ideia de que cozinheiros e literatos são artesãos que produzem uma mistura agradável a ser dada como comida para a boca ou para o intelecto, para acabar com a fome dos "verbívoros".

---

italiana: *Parole da mangiare*. Comunità di Bose: Qiqajon, 1998, p. 117.

8   HEMINGWAY, Ernest. *A moveable feast*; tradução italiana: *Festa mobile*. Milão: Mondadori, 1964, p. 111.

9   DORNSEIFF, Franz. *Pindars Stil*. Berlim: Weidmannsche Buchhandlung, 1921, p. 61-62.

10   CURTIUS, Ernst Robert. *Europäische Literatur und lateinisches Mittelalter*. Berna: Francke, 1948; tradução italiana: *Letteratura europea e Medio Evo latino*, Florença: La Nuova Italia, 1992, p. 154.

11   *Cf.* JEANNERET, Michel. *Des mets et des mots. Banquets et propos de table à la Renaissance*. Paris: José Corti, 1987, p. 132 e 152.

Mas é na Bíblia que se encontra a fonte mais rica de metáforas alimentares, ali compreendidas as duas cenas dramáticas ligadas ao alimento, a do pecado de Adão e Eva e a da Última Ceia. As referências literárias e metafóricas conectadas ao alimento no Antigo Testamento são demasiadas, e não tem sentido enumerá-las e expô-las. Eu me limitarei, portanto, neste ponto, a recordar uma passagem significativa de Ezequiel, passagem esta em que, mais do que nas outras, está viva a analogia entre alimento e palavra.

O Senhor oferece a Ezequiel, seu profeta, um livro em forma de rolo, escrito por dentro e por fora, cheio de "lamentações, gemidos e choros".

> Ele me disse: "Filho do homem, come o que tens diante de ti! Come este rolo e vai falar aos filhos de Israel". Eu abri a boca, e ele fez-me comer o rolo. Depois disse-me: "Filho do homem, alimenta teu ventre e sacia as entranhas com este rolo que eu te dou". Eu o comi, e era doce como mel em minha boca.

Reservo-me a interpretar essa passagem na última parte deste livro, dedicada ao pecado da gula. Por ora, note-se apenas que, para reter as palavras do Senhor, o profeta come o rolo no qual há escritos; é doce como o mel, exatamente como o livrinho do Apocalipse preso na mão do anjo: "Peguei o livrinho da mão do anjo e o comi depressa: ele era doce como o mel ao paladar; contudo, assim que o engoli, no meu estômago ficou muito amargo".[12]

Portanto, o Novo Testamento também é riquíssimo de metáforas alimentares. Basta olhar o Evangelho de Mateus: "Nem só de pão viverá o homem, mas de toda palavra que sai da boca de Deus"; "bem-aventurados aqueles que têm

---

12 As duas citações bíblicas: Ez 3, 1-4 e Ap 10, 10.

fome e sede de justiça"; "vós sois o sal da terra"; "o reino dos céus é semelhante ao fermento, que uma mulher tomou e escondeu em três medidas de farinha, até ficar toda ela levedada". Ou então, veja o capítulo XIV do Evangelho de Lucas, inteiramente dedicado a refeições e banquetes, ou à passagem sobre "Jesus, o pão da vida" do Evangelho de João: "Eu sou o pão da vida. Aquele que vem a mim não terá mais fome, e quem crê em mim nunca terá sede [...]. Eu sou o pão vivo [...]. E o pão que eu der é a minha carne [...]".[13]

Ao lado de uma janela aberta para o jardim da casa em que moravam perto de Óstia, na embocadura do rio Tibre (Óstia de *ostium*, boca, delta), Agostinho e sua mãe, Mônica, conversavam docemente, com a mente em Deus: "A boca de nosso coração [*os cordis*] se abria ávida ao fluir celeste de sua fonte". Seus pensamentos vagavam, pensando no Senhor, "nos espaços da inexaurível uberdade onde tu alimentas eternamente Israel com o alimento da verdade [*veritate pabulo*]". Fome como inquietude e desejo, portanto, que buscam satisfação em Deus, porque Deus é, escreve Agostinho, "alimento eterno", e a "verdade é nutrição".

Por sua vez, os escritos de Agostinho são, para Gregório Magno, "farinha de trigo", enquanto os seus próprios são apenas "farelos". Para Gregório Magno, além disso, a ciência é digna de ser louvada quando, no "ventre do espírito", prepara um banquete que "cessa o jejum da ignorância" (*ignorantiae jejunium*). Se Gregório falava do "ventre do espírito", Alain de Lille fala do "palato da mente" (*palatum mentis*), de modo que se dedica a decompor o leite em três substâncias, soro, queijo e manteiga, as quais correspondem aos três sentidos da sagrada escritura: histórico, alegórico e

---

13   Mt 4, 4, 6, 13; Lc 14; Jo 6, 26.

tropológico (metafórico). O soro corresponde ao sentido histórico porque sua substância é comum e seu uso é escasso; o queijo corresponde à alegoria porque é alimento sólido e substancial; a manteiga, enfim, às metáforas, a parte mais doce e mais gostosa.[14]

Avançando nos séculos, encontramos o autor que, provavelmente, mais do que qualquer outro, entra no tema da "literatura alimentar". É Dante que divaga amplamente sobre o tema na *Divina Comédia*, mas sobretudo em *Convívio*.

Nesta obra, de fato, explica Dante, serão oferecidas aos leitores, como "refeições" espirituais e intelectuais, quatorze canções, acompanhadas do "pão" do comentário. Sentados àquela mesa "onde se come o pão dos anjos" (que a referência não pareça blasfêmia, mas a mim esta passagem sempre faz vir à mente o doce "pão dos anjos", que se prepara com o fermento baunilhado Bertolini), os sortudos participantes do banquete se fartarão de comidas escolhidas, acompanhando os alimentos com pão, um pão purificado de "máculas mundanas" com a "faca do juízo"; mesmo que se trate sempre de um pão de cereal inferior (*biado*), pois escrito em língua vulgar, e não de trigo, porque não é composto em latim.[15]

Deixemos, portanto, Dante "ministrar as refeições" e vamos cutucar outros autores da literatura europeia que aplicam, em suas obras, metáforas alimentares.

Petrarca, em uma carta a Boccaccio em 1359, faz um paralelo de seu aprendizado dos autores latinos com a

---

14 Citações dos Padres da Igreja: Agostinho, *Confessioni*, IX, 10 ("boca de nosso coração e alimento da verdade"); I, 13 ("alimento interior"); *Civ. Dei* XX, 30 ("a verdade é nutrição"). Gregório Magno, *Epist.* II, 251, 30 ss. ("farinha de trigo e farelos") e *Moralia in Job*, I, 52 ("ventre do espírito, jejum da ignorância"). Allain de Lille, *cit. in* Ernst Robert Curtius, *Letteratura europea e Medio Evo latino*, *cit.*, p. 156.
15 As citações de Dante em *Convivio*. Turim: Utet, 1927. Introdução e notas de Valentino Piccoli.

absorção do alimento, quando explica ter devorado os autores clássicos.[16] Montaigne, por sua vez, apresenta-se como cozinheiro que empanturra os leitores com o fricassê que preparou ("todo este *cibreo*[17] que vou escrevendo aqui não é nada além de um registro das experiências da minha vida [...]").[18] Béroalde de Verville, autor francês do século XVII, usa amplamente a metáfora alimentar em sua linguagem narrativa, convidando o leitor a experimentar, saborear e digerir o texto, e a beber o conteúdo de seu volume, variando ricamente sobre o tema da bibliofagia.[19]

Mas vamos agora escutar os conselhos que Tommaso Campanella, filósofo e autor de poesias filosóficas, em variações sobre o tema do relacionamento entre alimento e letras, propõe ao poeta. Campanella o aconselha a ser "cozinheiro no verso", ou seja, condimentar escrupulosamente as suas composições poéticas com anotações saborosas. De resto, Campanella deve muito a este imaginário, que o faz exclamar, por exemplo, na composição poética *Anima immortale:*

> Di cervel dentro un pugno sto, e devoro
> tanto, che quanti libri tiene il mondo
> non saziâr l'appetito mio profondo:

---

16   Francesco Petrarca, *Lettera XXII*, 2 *in Lettere*, por Giuseppe Fracassetti. Florença: Le Monnier, 1863-1867, v. 4, p. 422: "Virgílio, Horácio, Tito Lívio, Cícero não apenas uma vez, mas mil, li e reli, [...] degustei de manhã a comida que digeri à noite: comi jovem para regumar já velho; e com eles me domestiquei, tanto que me passaram, não digo para a memória, mas para o sangue e os miolos [...]".

17   NT: *cibreo* é uma refeição típica da região da Toscana, feita de miúdos de galinha cozidos em um molho à base de caldo, gemas e suco de limão.

18   MONTAIGNE, Michel de. *Les essais*, por P. Villey, 3 v. Lausanne: Guilde du Livre, 1965; tradução italiana: *Saggi*, por Fausta Garavini, 2 v. Milão: Adelphi, 1966, III, XIII, p. 1.443.

19   DE VERVILLE, F. Béroalde. *Le Moyen de parvenir. Oeuvre contenant la raison de tout ce qui a esté, est, et sera: avec demonstrations certaines et necessaires, selon la rencontre des effets de Vertu* (1610). Marselha: Laffitte, 1984. Fac-símile e transcrição de H. Moreau e A. Tournon, 2 v. Ver a edição italiana: *L'arte di fare fortuna*, por B. Piqué, tradução de A. Frassineti. Turim: Einaudi, 1989.

quanto ho mangiato! E del digiun pur moro.
D'un gran monde Aristarco, e Metrodoro
di più cibommi, e più di fame abbondo.[20]

Campanella, um voraz leitor de livros, bibliófago e logófago como muitos de nós, para quem toda leitura é um banquete e uma mesa aparelhada, de onde se toma o livro/prato com as mãos para dele devorar páginas e páginas, arrancando as palavras com o garfo do olho. Ou então, para o qual a despensa assume o lugar da biblioteca, onde, no lugar dos livros, está a comida, como na ilustração do primeiro volume do *Almanach des gourmands* de Grimod de la Reynière, impresso nos primeiros anos do século XIX (fig.1): aqui, nas prateleiras se encontra, no lugar dos volumes publicados, toda espécie de provisões alimentares, do leitão de leite ao patê de frios: todas as guloseimas acompanhadas de várias garrafas de vinho de excelente qualidade, licores, conservas de fruta em álcool, verduras com óleo e com vinagre. Em vez de lâmpada, pende do teto um enorme presunto.[21]

1.3 Intermezzo *pedagógico*

Ler é comer, escrever é cozinhar: são estas as imagens que nutrem as metáforas alimentares. E a coincidência vai tão longe, em direção àquele ponto de frágil equilíbrio em que a metáfora se faz realidade, que se torna possível pensar que basta comer as letras para aprendê-las.

---

20 ["Dentro de um punho do cérebro estou, e devoro / Tanto, que todos os livros que o mundo contém / não poderiam saciar meu apetite mais profundo: eu comi tanto! E ainda estou morto de fome! Eu me alimento do vasto mundo / de Aristarco e Metrodoro / e de muitos outros, e minha fome ainda é abundante"]. Tommaso Campanella, *Poetica latina*, art. IX ("Cozinheiro no verso") e *Poesie filosofiche*, 5, *Anima immortale*, in BOLZONI, Lina (Ed.). *Opere letterarie*. Turim: Utet, 1977, p. 661 e 110.

21 DE LA REYNIÈRE, Griod. *Almanach des gourmands*, 3 v. Paris: Maradan, 1804. Página de rosto do primeiro volume.

Nesta direção, encontramos todo o aparato pedagógico que aconselha dar às crianças doces, biscoitos, pães e massas na forma de letras para que elas aprendam o alfabeto de forma rápida e doce. Horácio, em sua primeira sátira, recorda:

> [...] ut pueri olim dant crustula blandi
> doctores, elementa velint ut discere prima.

Crustula, crostini, docinhos na forma de letras do alfabeto. Isto é repetido por François Rabelais em *Gargântua e Pantagruel*, quando o jovem Gargântua é instruído em letras latinas por um teólogo, com a ajuda de formas feitas de farinha, e Oliver Goldsmith, narrador inglês do século XVIII, em *O vigário de Wakefield*, na cena em que o próprio vigário, em visita, distribui às crianças da casa letras do alfabeto feitas de pão de gengibre. Para não citar um delicioso livro infantil que meus filhos adoravam, em que se narra que a cachorrinha da casa, Martha, aprende a falar justamente comendo o macarrão de letrinhas que as crianças deixaram no prato.[22] Acabei pensando nessa possibilidade com uma certa apreensão quando dou ao cachorro o macarrão de letrinhas que meus filhos não comeram. Enfim, é fato que ainda hoje as crianças parecem ter um prazer todo especial ao pescar da sopa as minúsculas letrinhas do alfabeto, feitas de massa, ou ao mastigar os biscoitos alfabéticos que em alguns países se chamam, não sei o porquê, de "pão russo".

---

22   As referências aos doces em forma de letras do alfabeto em Horácio, *Sat.*, I, i, p. 25-26; François Rabelais, *Gargantua et Pantagruel* (1532-1535), tradução italiana: *Gargantua e Pantagruele*. Turim: Einaudi, 1973, cap. 14, p. 51; Oliver Goldsmith, *The vicar of Wakefield* (1766) e Susan Meddaugh, *Martha speaks*. Boston: Houghton Miffin, 1992. *Cf.* também Franz Dornseiff, *Buchstabenmystik*, diss. Leipzig: Teubner, 1916, p. 17-18.

1.4 *Poesia e literatura alimentar (parte dois)*

Por sorte, o apetite pela leitura nunca se exaure, diferente do físico, mesmo se Kierkegaard sorri com essa suposta fome insaciável, lembrando da anedota do escritor que, questionado por um leitor que acabara de ler um livro seu se ele escreveria logo um novo, sente-se lisonjeado "de ter um leitor que, assim que termina um grande livro, apesar do cansaço, conserva intacto seu apetite".[23]

Sobre Kierkegaard e suas metáforas, eu falarei de forma mais ampla depois, na parte dedicada à dieta filosófica. Por ora, fico no âmbito da leitura e da literatura alimentar, e recordo uma passagem de *O falecido Matias Pascal*, de Luigi Pirandello. Matias Pascal, o homem que perde a própria identidade e cuja lembrança as pessoas perdem, acabou de se tornar bibliotecário da biblioteca Boccamazza ou de Santa Maria Liberale. "Encontrando-se ali, sozinho, devorado pelo tédio", decide ele mesmo comer para não acabar devorado; e começa por aquilo à sua volta, ou seja, os livros. Assim, começa a ler de tudo, desordenadamente, para descobrir com grande estupor que o consumo dos livros não pesa como o da comida. É verdade que os livros, "especificamente os de filosofia", pesam bastante. "Entretanto, quem se alimenta deles, imbuindo-se em seu conteúdo, vive nas nuvens".[24]

Marguerite Yourcenar parece ter uma opinião um pouco diversa em relação à leveza e ao peso dos livros/comida: os grandes escritores clássicos – escreve ela –, Marco Aurélio, Agostinho, Petrarca, Montaigne, Saint-Simon, são como "certas comidas particularmente nutritivas, que se digerem

---

23 Søren Kiekergaard, *Postilla conclusive non scientifica alle "Briciole di filosofia". Composizione mimico-patetico-dialettica* (1846), in FABRO, Cornelio (Ed.). *Opere*. Florença: Sansoni, 1993, p. 264.

24 Luigi Pirandello, *Il fu Mattia Pascal* (1904). Milão: Mondadori, 1988, p. 47.

apenas se diluídas ou adoçadas por outras mais facilmente assimiláveis". Eis porque, segundo ela, é melhor alterná-los com a leitura de Fénélon ou Chateaubriand, autores considerados evidentemente mais leves...[25]

A palavra é comida, o conhecimento é alimentação, o saber é sabor, a escrita é cozinha. Concluirei esta sequência sobre leitura e literatura alimentar com dois casos contemporâneos: o ensaísta francês Roland Barthes e o escritor e psicanalista brasileiro Rubem Alves.

De Barthes, mencionarei a aula inaugural no Collège de France, em 1977, que é um elogio ao mesmo tempo do esquecimento e da sabedoria; e o é porque esta nasce daquele, no momento em que se prova, depois de tanto ter estudado e ensinado, a experiência de desaprender, ou de deixar trabalhar o esquecimento, em seu sedimentar de cognições, culturas e crenças, para que apenas o creme do saber aflore:

> Esta experiência tem, creio, um nome ilustre e *démodé*, que eu ousarei empregar aqui sem complexos, exatamente na ambivalência de sua etimologia: *sapientia*; nenhum poder, um pouco de saber, um pouco de sabedoria, e o maior sabor possível.[26]

O outro autor que citarei não se limita a um aceno tão sóbrio. Sua escrita é de fato deliberadamente apresentada como uma preparação culinária, sobretudo em um volume extraordinário recentemente editado. A versão em português se chama *O poeta, o guerreiro, o profeta*, mas a tradução italiana (*Parole da mangiare*[27]) quis acentuar o motivo da

---

25 Considerações de Marguerite Yourcenar *in Souvenirs pieux*. Paris: Gallimard, 1974; tradução italiana: *Care memorie*. Turim: Einaudi, 1981, p. 174.
26 BARTHES, Roland. *Leçon inaurugarle au Collège de France*. Paris: Seuil, 1978; tradução italiana: *Lezione. Lezione inaugurale della cattedra di semiologia letteraria del Collège de France pronunciata il 7 gennaio 1977*. Turim: Einaudi, 1981, p. 35-36.
27 NT: "Palavras de comer".

coincidência entre a palavra e a comida, presente em todo o contexto. Rubem Alves insiste, mais do que na identidade entre ler e comer, naquela entre escrever e cozinhar: trato as minhas palavras, escreve sobre si, como o cozinheiro prepara a comida, e as cozinho perfeitamente, preparando-a. Fiel à sua metafísica que prega que "o mundo não existe para ser objeto de contemplação", o autor, recaindo quase em uma simplicidade a partir da, exatamente, "filosofia alimentar", em que o sujeito devora o objeto e tudo acaba ali (veremos a crítica de Sartre sobre esta atitude), sustenta que o mundo "existe para ser comido, para ser transformado em banquete"; já que pensar é transformar as nossas ideias cruas e cada leitura é uma refeição em que se distribuem "palavras de comer [...]".[28]

Será que o publicitário que pensou em lançar, para incrementar as vendas de uma editora infantil, a ideia da "merenda na livraria" está consciente desse processo simbólico e metafórico? Sei apenas que, quando eu era criança, um de meus maiores prazeres, talvez o prazer supremo, era "comer com o jornalzinho". Assim se chamava, no léxico familiar meu e de meus irmãos, aquela ação proibida e desejada que podia acontecer apenas se os nossos pais saíam para almoçar – ocasião essa, porém, bem rara em nossa casa. O ritual de acompanhamento consistia em arremessar uma pilha de gibis sobre a mesa posta e de apoiar o volume pré-escolhido no copo (cheio de água para aguentar o peso) para lê-lo em total e abençoado silêncio, enquanto se comia.

Enfim, um prazer similar àquele que Lewis Carroll prevê para Alice, já que o poço no qual ela cai muito lentamente,

---

28   ALVES, R. A., *Parole da mangiare, cit.*, p. 25 ("como o cozinheiro prepara a comida"); p. 61 ("o mundo existe para ser comido"); p. 24 ("palavras de comer").

no começo da história, é constelado de livros e potes de geleia, os prazeres das crianças de uma época. Mas ainda hoje minha parte criança prova um prazer infinito, infelizmente raramente concedido, no comer em silêncio, sozinha, com o livro sob o copo.

2

Natureza e cultura

2.1 *O cozido e o cru*

A antropologia cultural nos apresentou como uma descoberta original a contraposição entre a naturalidade do cru e a sociabilidade do cozido. Bem antes de Lévi-Strauss, muitos já haviam percebido a relação entre estes contextos.

O problema da relação entre natureza e cultura, entre *physis* e *téchne*, já havia sido amplamente discutido na época dos filósofos pré-socráticos Demócrito e Epicuro. Mas o curioso é que a discussão sobre este tema sempre adorou a referência, feita com mais ou menos seriedade, ao assunto da cozinha e da preparação dos alimentos. Vale dizer que afirmações que hoje soam talvez um pouco ousadas, como aquela de que a cozinha pode ser definida como um fator cultural sem restrições (sem o eufemismo reducionista que a define "cultura material"), muitos séculos atrás pareciam bem previsíveis.

Ateneu, um autor de comédia ática, apresenta, por exemplo, em sua comédia *Samotrácia,* o personagem de um cozinheiro que celebra a epopeia triunfante da arte culinária. A situação é cômica, certo, e as palavras são irônicas. Mas o argumento não deve ser dispensado com um sorriso. Nosso cozinheiro sustenta que a civilização deve tudo à culinária; que o processo de civilização se iniciou com o abate do primeiro animal e que se desenvolveu com a introdução do sal e das especiarias, a descoberta de alimentos sempre mais elaborados – sopas de verdura, peixe no *papillote*, semolina, mel – e assim por diante. Foi a arte do cozinheiro o que elevou a humanidade da condição primitiva de selvageria e a inseriu, através das geniais invenções da culinária, no fluxo da vida civil.

Ateneu faz aqui uma paródia de Lucrécio, que havia apresentado, no *De rerum natura*, o desenvolvimento da humanidade e o refinamento dos costumes em algumas fases: a união do homem em comunidade e a construção de cabanas, o nascimento da linguagem, o surgimento das comunidades políticas e da propriedade privada e, logo antes, a descoberta do fogo, sobre o qual os homens aprendem a cozinhar os alimentos inspirando-se na ação do sol. Propriamente falando,

> [...] a cuocere il cibo, e ammorbidirlo
> al calor dela fiamma insegnò il sole,
> perché vedevano molte cose diventare
> mature vinte, nei campi, dalla sferza
> dei raggi e dal calore.[29]

---

29 ["(...) a cozinhar os alimentos, e a amaciá-los ao calor da chama ensinou o sol, porque viam muitas coisas se tornarem maduras, vencidas, nos campos, pelos golpes dos raios e do calor"]. O fragmento de Ateneu *in* DOHM, Hans. *Mágeiros. Die Rolle des Kochs in der griechisch-römischen Komödie*. Munique: Beck, 1964, p. 169-170. LUCRÉCIO. *De rerum natura*, V, 1011-1027 ("as primeiras comunidades humanas"); 1028-1090 ("origem da linguagem"); 1091-1104 ("a descoberta do fogo"); 1105-1135 ("o poder dos reis. A propriedade privada").

Lucrécio falava seriamente, não fazia paródia. Como não fazia paródia o autor de um tratado de culinária alemã das primeiras décadas do século XIX. Herdeiro de Montesquieu e de Condorcet, Joseph König começa relacionando a culinária com o caráter nacional dos povos, com seus interesses gerais e particulares; depois, não contente, prossegue ligando o desenvolvimento da arte culinária ao nível de civilização dos próprios povos.[30]

A culinária, então, sempre lutou, parece, para achar um lugar ao sol entre as várias formas de cultura reconhecidas como tais e para garantir o ingresso no mundo da cultura cozida, e cozida no ponto certo: não rápido demais (queimada), nem lento demais (estragada). Mas a luta foi dura, sobretudo por causa da ferrenha oposição à culinária feita por uma autoridade como o filósofo Platão.

2.2 *Questões de competência*

Sabemos pouco sobre a alimentação de Platão, além de que amava devorar azeitonas e figos secos, dieta porém não rara para um ateniense do século IV a.C. e talvez até para os de hoje. Sabemos, porém, que ele tinha questões com a gastronomia (*téchne magairiké*), a qual não perdia ocasião de perseguir.

E o fazia sempre no contexto, do qual acima falamos, da relação entre arte e prática. Mas se interpretarmos com aquilo que ele definia *téchne* e que nós traduzimos de forma ambígua como "arte" o que hoje compreendemos com o termo "cultura", nos avizinhamos melhor do sentido de suas palavras. Jamais Platão teria admitido que a culinária fosse

---

30 KÖNIG, Joseph. *Geist der Kochkunst*, por C. F. von Rumohr. Stuttgart-Tübingen: Cott, 1822, p. 2-3.

cultura, mesmo que reconhecesse, com condescendência, que a arte de preparar os alimentos requer uma certa habilidade, e também um conjunto de conhecimentos.

Quando quer definir as competências da justiça, na primeira parte da *República*, Platão argumenta com exemplos da medicina e da culinária: assim como à primeira compete a tarefa de prescrever fármacos, alimentos e bebidas curativas ao corpo, à segunda compete a função de conferir ao alimento um sabor agradável. Também em *Eutidemo* o cozinheiro é apreciado do ponto de vista da habilidade de desenvolver sua função: a ele compete, na função de açougueiro, abater e esfolar os animais, cortá-los em pedaços, cozinhar e assar suas carnes...[31] Com relação às competências, Platão mostrava ter, no fundo, a mesma opinião de Diógenes (o filósofo cínico que vivia em um barril). A quem o questionava por quê, devendo enfrentar um processo, tinha contratado um orador, Diógenes respondia que, se fosse um almoço, teria contratado um cozinheiro.[32] Cada um com sua competência.

Mesmo esta capacidade – *expertise*, diria-se hoje – mantém-se para Platão uma mera atividade prática, ligada a hábitos e repetições, mas não sustentada por regras teóricas. A arte, entretanto – a *téchne* –, requer um conjunto de normas gerais e um conhecimento seguro do objeto a que se refere, bem como de sua natureza. Creio que todos nós concordemos com a definição da arte culinária como uma disciplina que implica tanto exercício prático, ou seja, aquele conjunto de operações que se referem à elaboração e à confecção do alimento, o uso das bebidas e o ritual da refeição, quanto princípios e regras que permitam atingir os

---

31 Platão, *República*, 332b-d; *Eutidemo*, 301.
32 DIÓGENES LAÉRCIO. *Vite dei filosofi*, *in* GIGANTE, Marcello (Ed.). 2 v. Roma-Bari: Laterza, 1962, v. 1, p. 73.

resultados mais perfeitos possíveis. Mas estamos verdadeiramente dispostos a conceder-lhe um estatuto teórico, além de empírico? Platão não teria feito isto, jamais. A culinária não pode ser uma arte (*téchne*) – escreve em *Górgias*, "porque não possui conhecimento algum da natureza do sujeito a quem se volta com seus conselhos, nem da natureza das coisas que aconselha: porque não conhece a razão de coisa alguma". O cozinheiro, em suma, manuseia apenas os materiais, cuja natureza desconhece; sabe usá-los mas não os controla, como fazemos nós, profanos, quando usamos a televisão, o computador, a geladeira ou o forno de micro-ondas.

Fato é que, segundo Platão, ao lado das artes "verdadeiras", como são para ele a política e a medicina, as quais têm por escopo tutelar o estado de bem-estar da alma e do corpo, respectivamente, convivem pseudoartes que não são nada além de outras formas correspectivas, contrapostas às primeiras: sob a aparência de visar ao bem-estar da alma e do corpo, elas visam, em vez disso, ao prazer – e a refutação do prazer é, como é sabido, um dos fundamentos da doutrina platônica. Estas pseudoartes são: ginástica e cosmética, retórica e culinária (não se dizia que palavras são alimento?). O reitor e o cozinheiro são pessoas capazes apenas de lisonjear a alma e o palato com os prazeres, ao contrário do político e do médico, que buscam, em vez disso, o verdadeiro bem da alma e do corpo:

> SÓCRATES: Pergunta-me, então, que espécie de arte, a meu ver, é a culinária.
> POLO: É o que passo a fazer: que arte é a culinária?
> SÓCRATES: Nenhuma, Polo.
> POLO: Que é, então? Explica-te.
> SÓCRATES: Direi que é uma espécie de rotina.

POLO: Rotina, de que jeito? Fala.

SÓCRATES: Pois direi: uma prática que proporciona prazer e satisfação.[33]

Classificada como prática empírica capaz apenas de produzir prazer, à nossa culinária não resta nada além de se unir à retórica, arte também, segundo Platão, falsa, maléfica e sofista.

Ao pronunciar tal condenação comum à retórica e à culinária, Platão apenas nos confirma a interpretação segundo a qual a arte da palavra e a arte da cozinha dividem o mesmo destino por se ocuparem do mesmo objeto. A verbosidade e a eloquência gratuita e inconclusiva do reitor são implicitamente coligadas, em Platão, à intemperança alimentar: o prazer da palavra e o prazer da comida coincidem, de fato, na boca, lugar absoluto da culpa; comida em excesso elaborada pela arte culinária equivale a palavras em excesso elaboradas pela retórica. Este tema, que agora vimos de forma breve, será retomado e desenvolvido amplamente no último capítulo, dedicado ao pecado da gula visto exatamente por esta ótica, ou seja, como excesso de comida e de palavra.

2.3 *A boca*

A boca, assim, torna-se, no contexto da condenação comum da retórica e da culinária, o lugar da ambiguidade e da culpa. E é exatamente da boca que nosso caminho alimentar-filosófico nos leva agora a tratar.

A boca, nos lembram os neurofisiologistas, e reiteramos na introdução, é um lugar de transição e de intermediação entre os órgãos sensoriais periféricos e viscerais, entre o interior e o exterior. Ela se encontra na junção entre esôfago,

---

33 As referências são todas do diálogo *Górgias*, de Platão: 546a ("não conhece a razão de nada"), 464a-d ("pseudoartes"); 462d-e ("Pergunta-me, então").

faringe e laringe, ou seja, entre as funções nutritiva e respiratória. É aqui que

> se respira, se engole, se saboreia, se fala; este é um lugar de trânsito corpóreo privilegiado pelo humano que, nesta sede, rompe seu isolamento existencial, fazendo com que o exterior se comunique com o interior.[34]

Na boca, confundem-se, notava Hegel, "a palavra e os beijos, de um lado, e, de outro, o comer, o beber, o cuspir", ou seja, o ponto supremo do espírito e o lugar da pura animalidade. Exatamente como havia explicado o filósofo idealista alemão, "os órgãos da excreção e os genitais, o ponto supremo e o ínfimo da organização animal coincidem intimamente em muitos animais".[35]

Mas a boca é também um lugar em que não há luz, é também o orifício que fecha, que sela minha escuridão interior. "O eu sou é interior"; "todo interior é por si mesmo escuro [...]", escreveu Ernst Bloch, "e aquilo que está no interior de mim cozinha devagar, ferve lentamente [...]"[36].

A palavra que origina o mundo, o *logos* grego, o *verbum* latino, nasceu na boca, como na boca nasceu a palavra que originou Cristo, porque a Anunciação é exatamente a concepção através da palavra. Maria recebe a anunciação do espírito, absorve as palavras, fica grávida, dá à luz o Menino Jesus. Exatamente como as Pítias e as Sibilas da tradição grega clássica, ou as profetisas gnósticas e as participantes

---

34 HARRUS-RÉVIDI, Gisèle. *Psychanalyse de la gourmandise*. Paris: Payot & Rivages, 1994; tradução italiana: *Psicanalisi del goloso*. Roma: Editori Riuniti, 1998.

35 G. W. F. Hegel, *Enzyklopädie der philosophischen Wissenschaften*, § 365z; tradução italiana: *Enciclopedia delle scienze filosofiche*, Bari-Roma: Laterza, 1967, I, p. 290-291.

36 Citações de Ernst Bloch em: "Tübinger Einleitung in die Philosophie", *in Werkausgabe*. Frankfurt, 1985, v. 13; e Experimentum mundi, Frage, Kategorien des Herausbringens. *Praxis, ivi*, v. 15, p. 13.

dos mistérios órficos recebiam o espírito, a palavra, em seu seio e prenhes de entusiasmo, davam à luz não crianças, mas palavras,[37] palavras proféticas como aquelas que Ezequiel engolia, comendo o rolo divino.

Digo isto não tanto para entrar no terreno, aberto por Freud e percorrido amplamente por seus epígonos, da relação entre oralidade e sexualidade, que retomaremos mais adiante. Eu o digo mais para reiterar, através do paralelo entre "bucal" e "sexual", digestivo e erótico, a ideia do corpo como continente de comida e de palavras. Entrando pela boca e descendo pelos lados da (ou dentro da) laringe, faringe e esôfago, as palavras caem no continente do corpo e da mente para serem engolidas, digeridas, devoradas.[38]

Da primeira fase dessa atividade participam também os dentes e a língua. Eles se ocupam de fatiar palavras ("língua cortante", "língua afiada", "língua bifurcada" para melhor destruir palavras e mentiras?), cortar em pedacinhos (conversar, em grego antigo, se diz *kòptein*, cortar em pedaços, esfacelar), exatamente como faz a faca do juízo que, em Dante, como já vimos, corta as partes defeituosas de sua escrita, ou como a navalha de Occam, que, por sua vez, corta as entidades supérfluas.

Mas a faca é, junto ao avental, o símbolo de identificação imediata do cozinheiro, como estamos prestes a constatar; do cozinheiro que fatia alimentos e que fatia palavras. O que nos inspira a tratar mais apropriadamente da arte e da prática da cozinha das palavras.

---

37 *Cf.* LEISEGANG, Hans. *Pneuma Hagion. Der Ursprung des Geistbegriffes der synoptischen Evangelien aus der griechischen Mystik.* Leipzig: Hinrichs'sche Buchhandlung, 1922, p. 34-35.

38 *Cf.* os exemplos de George Lakoff e Mark Johnson em *Metaphors we live by.* Chicago; Londres: The University of Chicago Press, 1980; de *Ideas are food*, p. 29; tradução italiana: *Le metafore in cui viviamo.* Roma: L'Espresso, 1982.

3

Teoria e prática
de cozinhar palavras

3.1 *Cozinha e alquimia*

Ao ressaltarmos a semelhança entre a forma do estômago e a do alambique, instrumento inconfundível de todo alquimista, já abrimos um espaço sobre esta prática, em cujos recipientes ferve, como em uma grande sopa, a matéria do mundo. E, com efeito, é inegável que a prática e a disciplina da alquimia, grande precursora da química, muito tenha a ver com aquela da culinária, a começar pela forma dos apetrechos: caldeirões, vasos, alambiques, almofarizes, pilões, conchas, colheres, facas e garfos. Observe atentamente, por exemplo, o famoso registro de Albrecht Dürer, *Melancolia I*. Muitos dos apetrechos ali presentes, que são os instrumentos de um laboratório de alquimia, não seriam estranhos na cozinha: talvez não exatamente o facão aos pés da figura feminina, que devia ser uma serra, mas seguramente a panela (cadinho) apoiada sobre a chama do fogareiro à esquerda da pedra talhada, a balança com dois pratos (indispensável, nesta ou em outra forma, para pesar os ingredientes, a quem frequentemente cozinha "a olho", como eu), a ampulheta (para medir o tempo de cozimento) e o sino: "o almoço está na mesa!" (os três apetrechos na torre ou forno, às costas das duas figuras).

Tudo constantemente acompanhado da presença do fogo que reduz, coagula, amalgama, une e separa os elementos, até que, no fundo do recipiente, se consiga o produto desejado. A função de unir e separar os elementos é essencial à alquimia, à química, à culinária e, como veremos, à filosofia. Há um modo muito simples para explicar aos neófitos quando o ragu, ou mesmo um simples molho de tomates, está pronto. O momento mágico se faz presente quando o óleo e o tomate (não aquele fresco, obviamente, que segue outras regras, mas o sem pele, em conserva, ou então em forma de *passata*), inicialmente vertidos separadamente na panela e depois amalgamados no cozimento, separam-se novamente. Quando o óleo se divide do tomate, digo a um dos meus filhos aprendizes de bruxos, você deve apagar o fogo. O molho está pronto. Um exemplo de união em estado de repouso é a massa para crepes, especialidade de Guido. Com apenas dez anos, Guido conseguia preparar, um após outro, dezenas de discos fritos e levíssimos como partituras. Mas Guido também sabe que os crepes dão errado se a massa, à base de ovos, farinha e leite, não repousar tranquilamente por pelo menos duas horas.

> A cozinha é a prole direta da magia, da alquimia e as espirais de vapor, as chamas, as nuvens que se adensam sobre a capa são o penhor de nossa ligação com os outros, onde a matéria

do mundo ferve, se coagula, se solta, metamorfoseia o mundo, transfigurando-o.[39]

A cozinha como antro alquimista, portanto, onde a comida ferve e a bebida fermenta, e depois da destilação são colhidas no fundo da copela pela mão do cozinheiro alquimista. Cozimento como sonho de transformação das coisas na substância mais preciosa, a pedra filosofal, o ouro, a comida perfeita.

> Uma festa, escreve o nosso amigo Rubem Alves, é um ritual mágico. Resolve-se realizar o sonho alquímico: a transubstanciação universal das coisas. Inicia com os poderes mágicos da digestão. Cebolas, pimentões, feijões, batatas, tomates, pães, carne, frango, peixe, lagosta, doces, queijos, vinho, cerveja [...]. Todas entidades diferentes. Têm nomes diversos. Têm propriedades diversas. E, todavia, através dos processos alquímicos do corpo, perdem a sua identidade. Deixam de ser o que eram. São assimilados.[40]

O cozimento, explica o mesmo autor, é uma operação alquímica que permite àquilo que é cru se transformar em alimento graças à magia do fogo. Como a alquimia, a culinária reúne aquilo que a natureza havia separado, corta, fragmenta, pulveriza – separa, enfim, para depois recompor em formas diversas, ordenadas humana e culturalmente, não deixadas no estado da natureza.

3.2 *Receitas e modelos ideais*

A cozinha separa e recompõe em formas ordenadas, eu dizia, dispostas segundo rituais precisos. Porque a cozinha não é um universo desordenado em que se joga tudo no

---

39 LA CECLA, Franco. *La pasta e la pizza*. Bolonha: Il Mulino, 1998, p. 13.
40 R. A. Alves, *Parole da mangiare*, *cit.*, p. 23.

caldeirão para que ferva junto no grande *brodo* universal. Ao contrário, é um universo ordenado, um "sistema fechado", como lembra La Cecla a respeito da massa. Não se pode condimentar a massa com qualquer molho, não se pode casá-la com qualquer ingrediente, como acreditava poder fazer impunemente o amigo alemão do autor, que preparava aos amigos atônitos um prato de espaguete com feijões estufados e pimentões crus. O erro do alemão era pressupor "que a massa fosse um sistema aberto e facilmente renovável" a ponto de poder levar, entre as infinitas variações, uma variação a mais. Não. Porque apenas os "falantes" daquela cozinha (para confirmar que a comida é linguagem e a linguagem é comida), apenas os falantes nativos conhecem o território íntimo e delicado das variações consentidas, além do qual uma receita como o famoso espaguete ao feijão e pimentão destoa como a piada de um estrangeiro, tão inovadora quanto desajeitada, em uma língua por ele não dominada.

A cozinha é, portanto, um sistema fechado, dotado de rituais e regras de aspecto às vezes bizarro e incompreensível: "Por que devo mexer a maionese sempre no mesmo sentido?", perguntava-me um de meus aprendizes de bruxo, Cosimo, assistindo-me naquela operação realmente mágica que consiste em fazer que, de ingredientes bem identificáveis, nasça algo: gema de ovo, óleo, suco de limão, sal, um creme homogêneo amarelo-esbranquiçado que perdeu qualquer semelhança com os ingredientes de base. "Porque de outra forma enlouquece", era (e é) minha resposta, herdada inexoravelmente da linguagem materna. "Enlouquece?" E o pequeno aprendiz de bruxo, para o qual a língua e suas metáforas são muito mais reais e vivas que para os adultos, olhava-me incrédulo, imaginando talvez a tigela querendo pular, com baba na boca, presa por uma camisa de força.

As regras, sejam quais forem, são respeitadas, ou violadas, mas apenas após serem muito bem compreendidas; como faz quem se concede artifícios retóricos quando fala ou escreve porque sabe que pode usá-los e sabe fazer isso. Então Platão não havia entendido tudo quando unificava na mesma acusação a retórica e a culinária? Porque o que é que são as regras, no âmbito da gastronomia, se não as receitas? E o que é que são as receitas se não os modelos, aos quais se volta o olhar do intelecto para reproduzir manualmente a realidade dos pratos?

Mexe e remexe, voltamos novamente a Platão. As receitas, como as ideias que vivem naquele estranho mundo reservado a elas, são modelos intelectuais, dotados de uma forma própria e de uma cognoscibilidade toda sua. O que então nos permitiria reconhecer um minestrone e declarar, sem medo de errar: "Isto é um minestrone", não um caldo, nem uma sopa de verdura? No gosto, cada um tem o modelo ou a ideia original na cabeça, dizia Kant.

Kierkegaard parecia ter um problema análogo a propósito do cristianismo: como reconhecer o "autêntico" entre suas falsificações e paródias? A resposta é dada por uma metáfora alimentar, com a ajuda da ideia de que o cristianismo é alimento. Suponhamos, explica Kierkegaard, "que alguém encontrasse o modo de preparar a carne com açúcar e continuasse a chamá-la de carne à caçadora; não teria eu razão de dizer que aquilo não é carne à caçadora?".[41]

Não tem açúcar na carne, e nem no minestrone, por favor. Outro modo de alterar a genuinidade do cristianismo

---

41 Citações de Kierkegaard *in* AMOROSO, Leonardo (Ed.). *Maschere kierkegaardiane*. Turim: Rosenberg & Sellier, 1990, D 3967 e D 2816.

é servi-lo "com o picante dos aperitivos: provas, razões, probabilidades e similares. E eis que no fim a pregação se concentra inteiramente nos aperitivos. Assim, trai-se o cristianismo".[42]

Está claro, espero, que não tento assim sustentar que as receitas sejam realidade universal e permanente, válidas em qualquer tempo e em qualquer lugar, para qualquer contexto humano. Não sustento um universalismo culinário; reconheço-me, nisto, muito mais comunitarista. Sustento, porém, que as receitas são critérios reguladores que permitem: 1) a capacidade de o prato ser reproduzido; 2) a capacidade de o prato ser reconhecível em meio a outros resultados similares mas falsos (o pseudominestrone, por exemplo). Um prato que não segue as próprias regras é como um enunciado contrafactual.

Para reconhecer uma refeição com um gosto particular devo ter, como escreve Kant na passagem supracitada, composta em um momento de inspiração platônica, o modelo ou a imagem original (*Urbild*) na cabeça. E isto não apenas para uma comida simples de gosto monolítico como uma pera, mas também para uma comida complexa e de sabor pluralista como pode ser, pensando nos gostos de Kant, um caldo de carne de vitela com arroz ou *capellini*.

3.3 O cozinheiro

A quem é confiada a tarefa de executar os pratos, seguindo receitas ou improvisando dentro do sistema consentido? Ao cozinheiro, o nosso cozinha-palavras por

---

42   "Im Geschmack hat jeder immer das Muster oder das Urbild im Kopf", 1776-1778, *in* KANT, Immanuel. *Köche ohne Zunge. Notizen aus dem Nachlass.* Göttingen: Steidl, 1997, p. 62.

excelência, que a tradição nos apresenta, de fato (veremos), logorreico e arrogante. Quando digo cozinheiro, quero dizer, porém, qualquer um que exercite, mesmo que apenas parcialmente, a tarefa de cozinhar. Não apenas, portanto, o cozinheiro profissional do restaurante ou da família aristocrática ou muito rica, mas também a cozinheira da casa e talvez, mais do que qualquer outro, aquele ou aquela que cozinha habitualmente, mesmo tendo uma ou mais identidades outras no curso da jornada. Tenho mais em mente, portanto, em nossos dias, a mulher na cozinha – porque, fora da cozinha, pode ser uma executiva, uma política ou, de forma mais geral, uma mulher que trabalha fora –, a qual cria a cada dia o que colocar à mesa para a família, aproveitando o que tem em casa ou saindo para comprar os ingredientes, inventando, seguindo receitas, improvisando. Uma pessoa, enfim, que não faz da cozinha um mito, mas que também não ousaria colocar todo dia à mesa congelados ou comidas prontas, e que cuida de não dar às crianças menores somente alimentos homogeneizados, aquelas papinhas sem gosto e sem cheiro, que variam apenas de cores (porém sempre apagadinhas), que lembram um conteúdo específico (fruta ou carne, que seja) talvez à mãe, mas nunca à criança. Como poderia um bebê imaginar que os morangos são vermelhos se nunca viu um, e se só conhece uma papinha de cor rosa que se chama, como diz a embalagem – mas o bebê, que por definição não sabe falar, obviamente também não sabe ler – "morango com queijo"?

Uma mulher me parece, presumivelmente, a minha interlocutora natural. Para não parecer discriminatória, admitirei, porém, que faça parte do universo semântico do "cozinheiro", além do cozinheiro profissional, também o amador, ou o homem que cozinha com uma certa constância e competência. Porque penso que, pelo menos ele, terá um horizonte comum comigo, que lhe permitirá compreender e talvez até dividir aquilo que digo. Não, tendencialmente, os improvisadores de um dia, aqueles que deixam a cozinha cheia de panelas e fogão sujos. Duvido que as minhas palavras tenham o mesmo sabor para quem tem alguma experiência na cozinha, mesmo que modesta, e para quem ignora completamente seus procedimentos, tempos e ritmos. Como o filósofo neokantiano alemão Ernst Cassirer: uma vez, quando sua mulher estava doente, de cama, e pedia uma xícara de leite quente, o filósofo entrou pela primeira vez na cozinha com a intenção de usá-la funcionalmente, colocou a garrafa do leite diretamente sobre a chama e causou uma catástrofe.

Se alguém na vida pode fazer tarefas na cozinha sem por isso chamar-se de cozinheiro, na tradição literária este último é um personagem preciso em que estão presentes os atos de cozinhar e de falar.

Na Grécia antiga, lugar de nascimento da filosofia como a compreende a "tradição ocidental", as mulheres, livres ou escravas, cozinhavam habitualmente as refeições cotidianas, geralmente simples, com ingredientes da "dieta mediterrânea", aquela sim realmente rígida: pão, semolina, flocos de aveia (que Wittgenstein também adorava); feijões, alho, lentilhas, cenouras, rabanetes e salada (amada pelos cínicos: Diógenes, Metrocles [...]); peixe (que constituía provavelmente o alimento principal), carne (apenas nas grandes ocasiões); queijo (de que Epicuro gostava), azeitonas (já sabemos que Platão as comia em grande quantidade), ovos crus e cozidos (o ovo era para os estoicos o próprio símbolo da filosofia), mel (Pitágoras adorava) e fruta: maçãs, tâmaras, figos frescos e secos, uvas, peras e romãs, que os gregos comiam, a despeito das modernas prescrições nutricionais, no fim da refeição, como sobremesa.[43]

Se às mulheres era reservada a cozinha cotidiana e habitual, apenas aos homens era permitida, na Grécia antiga, a preparação das refeições com carne. Estas eram ligadas à cerimônia do sacrifício e revestia, portanto, o caráter da festa solene em que eram presentes como convidados os deuses, e onde o corte e o cozimento da carne faziam parte de uma cozinha ritualizada conduzida pela figura do *mágheiros* (açougueiro, mago), ao mesmo tempo o sacrificador e o cozinheiro. No pensamento social e religioso da Hélade, era vigente uma absoluta coincidência entre comer carne e exercitar as práticas sacrificiais ligadas ao sangue. Originalmente, a tarefa do cozinheiro era, portanto, ligada a funções de culto, das quais lentamente se separou para se dividir, de um lado, em tarefas de açougueiro e vendedor de carne, e de outro lado, naquele que prepara alimentos e bebidas de qualquer gênero.[44]

Os símbolos do *mágheiros*, aqueles que permitem sua identificação imediata – exatamente como os símbolos dos santos cristãos, a concha para São Tiago e as rosas para Santa Rita... – são, já sabemos, a faca (*máchaira*) e o avental (*perízoma*) (fig. 2).

E é exatamente vestindo o avental e brandindo uma grande faca de cozinha que o cozinheiro tradicionalmente entra em cena, na comédia antiga. Em uma ação muito vivaz

---

43 *Cf.* as indicações de SPARKES, B. A. The greek kitchen. *The Journal of hellenic Studies*, LXXXII, 1962, p. 123, integradas a passagens de Diógenes Laércio, *Vite dei filosofi, cit.*

44 *Cf.* BERTHIAUME, Guy. *Les roles du mágeiros. Etude sur la boucherie, la cuisine et le sacrifice dans la Grèce ancienne*. Leiden: E. J. Brill, 1982; DETIENNE, Marcel; VERNANT, Jean-Pierre. *La cuisine du sacrifice en pays grec*. Paris: Gallimard, 1979, p. 3.

de uma comédia de Damoxenos, de argumento filosófico, um cozinheiro desce a campo no debate entre epicurismo e estoicismo, declarando-se um epicurista convicto. E para mostrar toda a sua determinação e a sua intenção de defender ferozmente sua posição, aparece em cena apertando de forma bastante enérgica os laços de seu avental.[45]

Outras características que o cozinheiro pode apresentar são a corpulência e, aspecto ainda mais significativo, a bruteza de traços: cabeça grande, lábios carnudos, nariz achatado, cabeça da qual pendem poucos cabelos (um pouco como Sócrates?) (fig. 3). Tudo, menos um ideal de beleza grega.

O aspecto físico do cozinheiro é tal que, de seus traços externos, possam-se intuir os traços internos: ingenuidade (cabeça grande), voracidade (boca carnuda, rosto hedonista), arrogância e loquacidade (peito para frente, boca escancarada).

A voracidade parece justificada pela própria escolha da profissão e pela tendência a provar a refeição um pouco demais durante sua preparação – há cozinheiros que vão pegando e degustando aqui e ali, talvez até colocando o dedo no molho para depois lambê-lo, e ascetas da cozinha que durante a preparação não provam nada, como eu, e que espartanamente intuem, apenas com base no cheiro e na cor, se a comida está cozida e condimentada no ponto certo.

Da ingenuidade, relacionada também com aquela arrogância e soberba que revelam a baixa posição social do cozinheiro, podemos notar a ligação com a grosseria: ser grosso no sentido de ser estúpido, e vice-versa. Isto é revelado curiosamente por uma série de termos com que, à ideia de grosseria, se relaciona a de estupidez, por exemplo no italiano *matto* =

---

45 Damoxenos, fr. 2, vv. 62-68. *Cf.* H. Dohm, *Mágeiros, cit.*, p. 163-169.

burro, imbecil, e *macco* (polenta de favas), que se ligam por meio do grego *masso/matto* (amassar); o sentido figurado de ambos é aquele que encontramos até hoje nas palavras do tipo *polentone* ou *maccherone*: *frittella*, *gnocco*, como para dizer "estúpido". Estúpido é considerado também o bacalhau,[46] prato derivado da merluza, parente do *maccarello*, ou *sgombro* (inglês: *mackerel*). Tudo então remontaria a uma raiz indo-germânica, *mag* = ser grosso no sentido concreto e figurado.[47] *Macco*, *maccherone* no sentido de estúpido, em uma das tantas abordagens regionais de personagens idiotas porque relacionadas à cozinha, como Hans Wurst, Jean Potage, Pinóquio (daquele que hoje chamam pinhão, fruto da pinha). No mesmo contexto de grosseria e estupidez, a expressão "latim macarrônico", ou "latim de cozinha" para o latim errado e grosseiro. O latim macarrônico, explica seu maior intérprete, Teófilo Folengo, é como um prato rústico formado de uma massa de farinha com manteiga e queijo (a parceria com o tomate ainda não tinha nascido...): é uma linguagem crua e um pouco grosseira, portanto, condimentada com palavras na língua vulgar.[48]

Voraz e imbecil, o nosso cozinheiro, mas sobretudo arrogante e falante. A primeira atitude, a arrogância (grego: *alazoneía*), provavelmente encontra correspondência na realidade da época. Apesar do rebaixamento social da época, o cozinheiro brilha de orgulho do *mágheiros* e da ligação entre cozinha e culto de sacrifício. Sua prosopopeia

---

46   NT: *baccalà* era um adjetivo ofensivo em italiano, algumas décadas atrás. "Sei un baccalà!" ou "Você é um estúpido".

47   Alessandro Giannini, "La figura del cuoco nella commedia greca", *in Acme. Annali della Facoltà di Filosofia e Lettere dell'Università Statale di Milano*, XIII, 1960, *passim*.

48   Sobre "latim da cozinha" ou latim macarrônico, ver R. Pfeiffer. Küchenlatein. *Philologus*, v. 86, p. 459, 1931, citado por H. R. Curtius em *Letteratura europea e Medioevo latino, cit.*, p. 482. *Cf.* também Teofilo Folengo, *Le Maccheronee, in* LUZIO, A. (Ed.). 2 v., Bari: Laterza, 1911, v. 2, p. 284, e M. Jeanneret, *Des mets et des mots, cit.*, p. 216-218.

descende, talvez, também da consciência de seu nível de preparação e formação, que parece respeitar a fórmula aristotélica do justo meio: "como se deve, quando se deve, na medida em que se deve". É o orgulho de uma *téchne* que quer ser reconhecida como tal e ladear suas irmãs mais famosas.

A segunda atitude, a loquacidade (grego: *lalía*), entra na coincidência entre palavra e comida. O cozinheiro é falastrão porque aquilo que ingurgita no próprio estômago, ou enfia no estômago dos outros, retorna na forma de palavras que lhe enchem a boca, e daí saem para cair sobre os outros. Não apenas:

> com a fúria de manejar a faca de cozinha o Nosso [...] terminou por saber brandir com habilidade também a faca da língua: uma língua não sempre malvada, maledicente ou fofoqueira, mas sempre crepitante, explosiva, incômoda, verdadeiramente destruidora.[49]

Uma língua cortante e afiada, acrescentamos nós que já conhecemos a história, uma língua que "incomoda", ou, que com a lâmina da faca abre a cerâmica,[50] a concha, obrigando quem está dentro a sair do casulo; ou então uma língua que destrincha juízos como destrincharia um grande peixe. Um "cozinhador de palavras", o nosso cozinheiro, ou alguém que "a condimenta", que nos engana, condimentando-nos com conversa.

Chichibio, no *Decamerão* de Boccaccio, também age de forma similar. Da boca do cozinheiro imbecil, que não

---

49 A. Giannini, *La figura del cuoco nella commedia greca, cit.*, p. 140.
50 NT: Aqui a autora faz um jogo de palavras. "Incomodar", em italiano, é *scocciare*. Cerâmica é *coccia*. Em italiano, a frase: "Una lingua che scoccia, ovvero che con la lama del coltello apre la coccia".

sabe como se proteger da ira do patrão por ter afirmado que o grou tem apenas uma perna, sai a piada arguta ("Se tivesses gritado ontem à noite, mestre, o grou teria posto a outra coxa e a outra pata para fora [...]") que distraiu o senhor e converteu sua ira em riso.[51]

É fácil neste ponto entender por que Platão considerava o reitor e o cozinheiro meros artesãos do prazer, investindo com uma conotação abjeta contra suas profissões: porque com suas conversas, ambos adulam e causam danos, enganam e incomodam.

---

51 BOCCACCIO, Giovanni. "Chichibío, cuoco di Corrado Gianfigliazzi...", *in Decameron*, VI, iv, 2 v. Milão: Rizzoli, 1979, v. 2, p. 419-421.

4

A cozinha filosófica

4.1 *O uno e o múltiplo*

No começo da filosofia, eram duas as escolas predominantes: a escola eleática (do nome da cidade de Eleia, hoje na região italiana da Campânia) e a escola jônica (do nome da região na costa oeste da Ásia menor, hoje Turquia). A escola eleática ocidental ensinava a unidade; a jônica, oriental, pendia para a multiplicidade. Um defensor convicto da unidade era o filósofo eleático Xenófanes, ainda que o representante mais famoso da corrente tenha sido Parmênides. O real, segundo Parmênides, não pode ser compreendido em sua globalidade; o ser é, é enquanto unidade e totalidade, não nasce e não morre: "[...] a gênese se extingue e da destruição não se fala. Nem [o ser] é divisível, visto ser todo homogêneo".

A escola jônica oriental, condensável no nome de Heráclito, ensinava, ao contrário, que a realidade é múltipla, alimentada pelo conflito dos contrários, de cuja unificação nasce o porvir, através do desenvolvimento e da transmutação de um oposto no outro: "De todas as coisas o uno e do uno todas as coisas".

Foi seguindo o desenvolvimento da relação entre unidade e multiplicidade que a filosofia assumiu a própria confirmação e a própria especificidade disciplinar, tanto nos conteúdos quanto no método. Há alguns milhares de anos, a filosofia busca realmente nos dizer como a unidade e a multiplicidade são possíveis, compatíveis ou incompatíveis, pendendo em alguns casos para a eliminação de um dos dois aspectos, e declarando às vezes que o mundo é ou apenas unidade ou apenas multiplicidade. E busca dizê-lo com um método que é, ele também, baseado no processo de unificação e separação. Pensar filosoficamente é pensar, em grande parte, sobre a unidade e sobre a multiplicidade do mundo, trabalhando em contrapor, separar, combinar e recombinar segundo leis lógicas, sob a motivação de inspirações, intuições e compulsões profundas.

Para compreender a complexidade do mundo, o pensamento filosófico estrutura o multíplice a partir da perspectiva da unidade e decompõe a unidade a partir do ponto de vista do multíplice; a capacidade de generalização própria do conhecimento é aquela de dar forma à realidade recompondo-a unitariamente, mas a capacidade de análise do particular exige uma decomposição no multíplice que transborda as barreiras que bloqueiam o fluxo unitário.

Na decomposição que consente acessar o multíplice, os conteúdos podem ser dispostos um ao lado do outro em ordem paratática ou distribuídos segundo uma hierarquia em ordem hipotática. Na recomposição que dá lugar à unidade, os conteúdos são colocados em ordem sintática em uma disposição ordenada. Através do procedimento de divisão e de unificação, as coisas são examinadas singularmente e reconduzidas, se for o caso, à unidade.

Esta é, ao mesmo tempo, a operação fundamental da filosofia e um de seus problemas de base, que reemerge em várias formas ao longo das várias mudanças de paradigma que têm acompanhado a história da própria filosofia. Houve sistemas filosóficos monistas, que consideraram o conjunto das coisas reduzíveis à unidade, do ponto de vista da substância e das leis lógicas, físicas e morais; e houve sistemas filosóficos pluralistas que ressaltaram o fato de que os seres que compõem o mundo são múltiplos e independentes, e não simples modos de uma única realidade.

Ora, a divisão da unidade em multíplice para recompô--lo em uma unidade sucessiva (Hegel a teria chamado de passagem da tese à síntese através da antítese) não é exatamente a atividade da culinária? Cozinhar, preparar a comida, não consiste em fragmentar e recompor, pulverizar e amassar, fatiar e misturar?

A raiz *mag* no significado de "ser grosso", no sentido próprio e no sentido metafórico, que é também a raiz de *mágheiros*, cozinheiro, significa, no sentido literal, amassar, termo que nos remete ao tratamento da farinha e do pão, como o alemão *machen* e o inglês *to make*, forjar na argila, daí o genérico "fazer".

Da ideia de amassar se pode também postular uma passagem no sentido de fazer levitar, inchar, aumentar na massa (grego: *magma*). Que é como dizer, a partir de um conceito de unidade, chegar ao conceito de multíplice, da massa à *poltiglia*[52] e vice-versa. Neste contexto, também os termos *macellare* (em italiano, matar/trabalhar com carne), *mactare, mágheiros*

---

52   NT: *poltiglia* é uma mistura meio informe e desordenada de componentes diversos. Em inglês, *melting pot*.

etc. aparecem ligados ao sentido de "fazer porções", "fazer partes a partir de um todo", "fazer crescer".[53]

Abordagens interessantes e reveladoras de um procedimento ligado à "manualidade" ou à "bocalidade", eu diria, se pensarmos que da mesma raiz *mag* deriva também o nosso *mangiare* [comer] através do latim *manso* (também nas formas *maso* e *masso*) e sua forma popular *manduco*, cujo sentido original, agora já sabemos, é aquele de amassar e modelar. Abordagens que não surpreendem se pensarmos em outras derivações alimentares bizarras: como o termo *pizza* (grego: *pitta*), originário do grego *plax*, superfície plana, *schiacciata, focaccia*,[54] aparentada com a *placenta* dos latinos, o *plakous* (acusativo: *plakoúnton*) grego, a *palatschinka* eslava. A raiz metafórica da expressão evidentemente jaz no imaginário da arte do *pastaio*.[55] A criança é o produto do forno da mãe, que a cozinha na placenta (*Cf.* o termo alemão *Mutterkuchen* = "doce da mãe"), no próprio ventre.[56] O cozimento enquanto passagem do macio ao duro ou, ao contrário, como passagem do duro ao macio, revela-se uma operação fundamental para tornar acessível o mundo, uma característica indispensável do processo filosófico.

Em perspectiva pluralista, os conteúdos de muitos pratos se apresentam em sua individualidade e autonomia: uma bisteca, um filé de salmão, uma salada de uma só espécie, por exemplo, mas também uma salada mista ou uma salada de frutas, que não por acaso é o termo que se prefere usar hoje para indicar contextos pluriétnicos que respeitem as diferenças em vez da imagem obsoleta do

---

53 Giannini, *La figura del cuoco nella commedia greca, cit.*, p. 136.
54 NT: tipos de pães.
55 NT: *pastaio*, em italiano, é aquele que faz ou vende pasta.
56 SLOTERDIJK, Peter. *Sphären I. Blasen*. Frankfurt a.M.: Suhrkamp, 1998, p. 380-381.

melting pot (cadinho, recipiente onde acontece a fusão dos metais), em que os elementos se fundem e as individualidades se dissolvem. Melhor agora uma salada mista pluralista, em que folhas de alface e fatias de rabanetes, cogumelos, talvez alcachofras e pimentões e alguns grãos de milho, mantenham suas cores e seus aromas. Na *trippa* (buchada), entretanto, na *cassoeula*,[57] no creme de legumes ou na fritada de abobrinhas, os elementos do multíplice se fundem uns com os outros em uma perspectiva monista, transmitindo-se reciprocamente sabores e odores, em uma rica síntese.[58] Carnes, legumes, ovos e verduras compõem uma unidade, são diferenças que se tornam identidade. Os ingredientes viram uma sopa e os convidados viram companheiros, porque comem do mesmo pão, material ou espiritual. Como naquela experiência de fusão místico-alquímica de pensamentos que já me aconteceu de experimentar algumas vezes em convenções filosóficas nas quais se trabalha junto, com uma intensidade particular; perto do fim dos trabalhos, acontece de nos sentirmos assimilados aos outros participantes, de compreendermos a sua linguagem como após a descida do espírito sobre os apóstolos, de termos a impressão de nos havermos tornado uma única cabeça pensante e falante, tão alto é o grau de homogeneidade e fusão alcançado ao se ferverem juntos todos os pensamentos.

---

57 NT: Prato típico de Milão, muito consumido no inverno. É um ensopado de verduras e partes menos nobres do porco (pés, orelhas, couro).

58 Como ensina Silvia Baldelli Capasso, "In casa: spesa, salute e cucina", *in La cucina della biblioteca. Libri e immagini del territorio milanese e lombardo-veneto*. BIBLIOTECA NAZIONALE BRAIDENSE. Milão: Viennepierre edizioni, 1994, p. 72.

4.2 *Digestão e assimilação*

Nossos filósofos no congresso estão tendo experiências de assimilação de ideias e cognições. Antes, foi preciso que eles as digerissem, ou melhor, as elaborassem com processos particulares, convertendo-as na mesma substância. Uma pequena ajuda para a compreensão da passagem do sentido literário ao figurado da ação de digerir nos é oferecida, com uma colaboração realmente inesperada, pela linguagem jurídica.

É aqui que encontramos de fato o termo *Digesto* (ou *Pandette*), que designa, como se sabe, uma parte do *Corpus juris civilis*, o famoso compêndio de leis de Direito romano feito no século VI d. C. pelo imperador Justiniano. O termo grego (*Pandette*) vem do grego *pandéktes* (de *pan-deíknumi* = indicar tudo): são os livros em que está conservado todo o Direito antigo. Termo jurídico, mas também gastronômico, que Apício, o mais famoso e dissoluto cozinheiro da romanidade – dizia-se "um Apício" para significar "um cozinheiro" –, usa em seu tratado de culinária para indicar uma coleção de diversos pratos, não classificáveis sob as categorias conhecidas (antepastos, carnes de caça, doces...).[59]

Ainda mais significativa é a denominação latina dos próprios livros do código civil, *Digesto*; termo que a língua inglesa, entre outras línguas, usa ainda hoje comumente para indicar um sumário, um resumo, uma seleção de informações (*Reader's Digest*). Por trás desse termo anódino está um sentido que é primariamente aquele de distribuir

---

59 APÍCIO. *Ars culinaria. L'art culinaire*, texte établi, traduit et commenté par Jacques André, Paris: Les Belles Lettres, 1974. Sobre Apício, Sêneca conta que gastava quantias absurdas para compras culinárias, tanto que quando, fazendo as contas, percebeu que lhe restavam "apenas" 10 milhões de sestércios; em vez de reduzir o padrão de vida, ele se envenenou.

em maneira ordenada, de unir após ter separado. Isto compreende a noção médica segundo a qual a matéria alimentar ingerida é separada, dissolvida e digerida; e a noção conceitual segundo a qual a matéria a ser classificada é separada e distribuída segundo a ordem. A digestão do alimento, como a digestão dos conceitos, é um *actus separandi, dissolvendi, dividendi*, seguido de um *actus ordinandi et distribuendi*.

Função apetitiva e função reflexiva viajam, também no momento da elaboração do material vital a ambas, em binários paralelos, mesmo que Platão tenha tentado colocar a máxima distância entre as duas, exatamente para que fosse respeitada a oposição entre elas. Em *Timeo*, de fato, Platão atribuía à alma apetitiva, "a parte da alma desejosa de comidas e bebidas e daquilo de que a própria natureza do corpo necessita", um lugar que fosse "o mais longe possível da alma prudente", do intelecto, colocando em meio aos dois o tórax.[60]

Mas novamente, e a despeito de Platão, a linguagem nos faz saber que as palavras são alimento, até no que diz respeito aos processos internos de elaboração/digestão. Ou é apenas uma ilusão nascida da simbologia da boca como posse?

Uma ilusão que alguns filósofos têm, no que tangia à compreensão da realidade, filósofos que se iludem que conhecer é como comer, pegar as coisas e consumi-las sem refletir, como fazem os animais, em uma contraposição frontal, clara e distinta, entre sujeito que conhece e objeto que é conhecido. É o ponto sobre o qual se volta a crítica do filósofo francês existencialista Jean-Paul Sartre, dirigida contra aquela que ele chama de "filosofia alimentar".

---

60 Platão, *Timeo*, XXXII, 70a-71d.

Os ataques de Sartre são endereçados propriamente contra alguns filósofos franceses, Brunschwig, Lalande e Meyerson, que fizeram que todos acreditassem

> que o Espírito-Aranha atirava as coisas em sua teia, as cobria de uma baba branca e lentamente as deglutia, reduzindo-as à sua própria substância [...] Oh, filosofia alimentar! [...] Nutrição, assimilação. Assimilação, dizia Lalande, das coisas às ideias, das ideias entre elas e dos espíritos entre eles.

Contra a filosofia digestiva que lhe parecia deglutir a realidade, privando-a de seu corpo e de sua realidade em uma assimilação cognoscitiva uniformizadora e banalizadora, Sartre sentia o impulso de andar em busca de uma relação imediata com o ser. O contato absoluto que Sartre buscava lhe é oferecido pela fenomenologia de Husserl, antidigestiva por excelência. Conhecer, para Husserl lido por Sartre, é "arrancar-se da negra intimidade gástrica", do antro escuro dos estômagos daqueles que compreendem a consciência como posse, é ver as coisas na clareza do relâmpago, no aberto, fora da consciência.[61]

Não conheço bem, assinalo, os hábitos alimentares de Sartre:[62] imagino, porém, que uma pessoa que escreve desta forma não deveria ter um bom relacionamento com a comida; talvez por causa de sua vida *bohémienne*, que o levava a comer quase sempre em *trattorias* parisienses – Satre comia todos os dias ao menos uma vez em restaurantes –, ou talvez porque Simone de Beauvoir não mostrasse na cozinha a

---

61 Todas as citações de Jean-Paul Sartre, de "Une idée fondamentale de la phenomenology de Husserl: l'intentionalité", em *Situations I*. Paris: Gallimard, 1947, p. 31-32. *Cf.* também Ornella Pompeo Faracovi *L 'etica dell'impegno nella generazione sartriana, in* VIANO, Carlo Augusto (Ed.). *Teorie etiche contemporanee*. Turim: Boringhieri, 1990, p. 22, e BODEI, Remo. *La filosofia nel novecento*. Roma: Donzelli, 1997, p. 44.
62 Algumas pistas sobre isso em ONFRAY, Michel. *Le ventre des philosophes*. Paris: Grasset, 1989.

mesma habilidade que Hannah Arendt, a qual se lamentava de que, quando tinha convidados para jantar, todos louvavam suas obras filosóficas e queriam falar delas, e ninguém pensava em parabenizar seu empenho, profuso nos pratos. Entre as filosofias alimentares que equiparam o conhecimento à posse e à assimilação destaca-se, pela afinidade conceitual e pelo próprio uso da terminologia digestiva, o idealismo de Hegel. Em sua análise sobre o "compreender inconsciente da digestão" em Hegel, Remo Bodei explica isso mediante o grande interesse do filósofo de Jena pela filosofia e pelos processos da própria digestão; Hegel havia aprendido com Spallanzani e com a moderna fisiologia dos processos digestivos que "o organismo absorve *imediatamente*, enquanto potência *universal*, a comida engolida, 'nega' a ela a sua natureza 'relativamente' inorgânica e a coloca como idêntico a si, a *as-simila*". Transportado por analogia ao relacionamento submisso, tornam-se propriedade do sujeito. Como o comer e o beber são para Hegel uma compreensão inconsciente das coisas, recorda Bodei, assim a cultura consiste, para o homem, em uma assimilação da própria natureza dotada do mesmo automatismo inconsciente.[63]

Sem negar o peso dos interesses científicos de Hegel, gostaria de notar que a metáfora da nutrição aplicada à vida espiritual era (e é) de tal extensão, no imaginário humano, que faz parecer secundário o peso do campo emitente do qual provém a similitude, neste caso o campo da fisiologia da digestão.

Ingestão e digestão de um texto literário, de um tratado filosófico, de uma peça musical, entretanto, exaltam, apesar das críticas de Sartre, a positividade de um relacionamento

---

63   BODEI, Remo. *Sistema ed epoca in Hegel*. Bolonha: Il Mulino, 1975, p. 100-108.

total com o objeto usufruído que não é apenas de tipo consumível, superficial e efetuado por um eu distraído. O relacionamento de ingestão e digestão, de assimilação, portanto, revela uma relação quase mística com as coisas, ilustrável, mesmo para quem não crê, pelas palavras da eucaristia cristã: "quem come a minha carne e bebe o meu sangue, permanece em mim e eu, nele". Porque aquilo que absorvemos e não apenas superficialmente consumimos se tornou permanentemente "parte ativa da nossa consciência das coisas".[64]

---

64 *Cf.* STEINER, George. *Real presences*. Chicago: University of Chicago Press, 1989; tradução italiana: *Vere presenze*. Milão: Garzanti, 1992, p. 22.

5

O regime filosófico

5.1 *A refeição de Atenas*

Imaginemos olhar o afresco *Escola de Atenas*, de Rafael, com os antigos filósofos gregos juntos em uma única dimensão espaço-temporal e dedicados a atividades diversas: Euclides desenhando uma demonstração geométrica, num quadro no chão, para um grupo de discípulos admirados; Pitágoras, do lado oposto da pintura, ele também escrutinado por olhos interessados, escrevendo em um livro grosso, enquanto um rapaz em frente a ele segura uma pequena lousa; Platão (que aponta o céu com o dedo) e Aristóteles (que indica a terra com a mão aberta), que incidem do fundo da cena como duas *soubrettes*, conversando entre si, mas com o olhar deliberadamente voltado ao público, bem conscientes de serem os protagonistas; Diógenes, deitado nos degraus, manifestando o seu soberano desinteresse pelas coisas materiais, seminu e absorto na leitura de uma folha que mantém a distância como se fosse um presbíope; Sócrates, reconhecível pelo nariz achatado, com uma bela túnica verde, enquanto se dirige a uma pequena multidão etc.

Agora, transformemos mentalmente esta cena em uma outra, uma cena aberta, ditada pelos olhos da fantasia, em que os filósofos gregos queiram almoçar, ou fazer um lanche, ou talvez preparar eles mesmos uma refeição. Vem-nos ajudar, para traçar esta imagem, Diógenes Laércio, erudito grego do século III d. C., autor de uma preciosa coleção de materiais biográficos sobre as vidas dos filósofos, dos sete sábios aos céticos do século II de nossa era.[65]

Aristipo de Cirene, aluno degenerado de Sócrates, pelo menos no que tange à alimentação, está sentado frente a um esplêndido banquete, circundado por belas mulheres e desejoso de devorar comidas finíssimas. Ao longe, seu mestre Sócrates o ignora. Sentado à sombra de um plátano e de um vítex, Sócrates goza fisicamente da sombra fresca, do perfume intenso das flores, da temperatura agradável da água que sai de uma fonte que lhe lambe os pés e, esteticamente, da imagem belíssima das plantas sobre ele. Pouco lhe interessa a comida, já que "preferia comer para viver a viver para comer", ou melhor, "da forma mais doce comia quando não sentia a necessidade do pão, e da forma mais doce bebia quando não esperava por outra bebida".

Pitágoras, filósofo e matemático, vestido de branco, ungido e perfumado, está ali comendo na justa medida, em uma mesa onde a relação entre um lado e o outro é a proporção áurea. Está refletindo se seria melhor a dieta com

---

65 Diógenes Laércio, *A vida dos filósofos, cit.* As referências serão fornecidas todas juntas, sucessivamente. De Diógenes Laércio vamos a Michel Onfray para descrever os hábitos alimentares dos filósofos cínicos em *Cynismes. Portrait du philosophe en chien.* Paris: Grasset, 1990; tradução italiana: *Cinismo. Princípi per un'etica ludica.* Milão: Rizzoli, 1992. Sobre a alimentação dos filósofos e a relação entre suas teorias e a comida, *cf.* o mesmo Onfray em *La raison gourmande.* Paris: Grasset, 1995.

carne ou a vegetariana: o importante, prega em qualquer caso a quem o circunda, é "não ultrapassar a justa medida, tanto no beber quanto no comer". Sobre sua mesa vemos verduras cozidas e cruas, sal (que lhe serve, entre outras coisas, para lembrá-lo da justiça que conserva tudo aquilo em que é colocada), pão, água pura (porque é de dia; se fosse noite, concederia a si mesmo um pouco de vinho). Em suas refeições são, entretanto, rigorosamente vetados o peixe pargo e o melanuro, o salmonete, o útero e o coração de animais, e as favas.

Sobre uma montanha no fundo de nosso afresco, uma figura que imerge os pés na água de um riacho, como se fazendo um experimento. Está mastigando ervas e verduras, das quais se alimenta em sua vida de eremita: é Heráclito, solitário e soturno. No meio da pintura, em vez disso, Platão, com a longa barba e os ombros largos, devora figos secos e azeitonas, contando a seus amigos que aquela era sua refeição mesmo durante suas aventurosas viagens na Sicília. Seu olhar se volta para a esquerda, na direção de Aristóteles, circundado por uma riquíssima coleção de panelas.

Eis então Zenão de Cítio, deitado, tomando sol, ao lado de um prato de figos verdes que, de quando em quando, leva à boca; ao lado, pães, mel, uma caneca de vinho. Dispostos nos flancos da cena, alguns filósofos procuram comida, ou preparam o almoço. Estilpo, que volta do mercado com um grande peixe sob o braço, e Cleantes, ocupado amassando a farinha, perto da vendedora desta, para fazer o pão, conversa com ela e conta-lhe que geralmente vai buscar água dos poços para regar as hortas, e "tudo isto por amor à filosofia".

Em um ângulo da pintura, uma cena curiosa: um homem sentado no chão com ar completamente absorto e uma jovem que lhe dá de comer com colher, como se fosse um bebê: são Carnéades, o cético (quem era esta pessoa?), e sua companheira, Melissa. Ela é quem deve dar-lhe de comer porque o filósofo, absorto em seus pensamentos, esquece-se de colocar o alimento na boca.[66] Um cozinheiro em pé perto deles, a faca pendurada nos laços do avental, o dedo indicador apoiado na boca, observa a cena com perplexidade. Mas e se na escola de cozinha lhe ensinaram que o filósofo "é o animal glutão além da medida"?[67] Talvez tenham desejado pregar-lhe uma peça, ou talvez o ditado diga respeito a apenas alguns deles...

Em um belo jardim não muito longe, o cozinheiro pode reconhecer Epicuro em meio a seus discípulos, devorando vorazmente o queijo direto de uma panelinha. Será que ele é o "animal glutão"? E havia quem dissesse que ele se contentava com água e um simples pão!

Sentados ou deitados provocantemente, a comer na praça do mercado, sem notar os passantes e recusando o cerimonial da comida moderada e do lugar apropriado, o grupo dos filósofos cínicos, envoltos apenas com o casaco bom para todos os usos, os cabelos longos e desgrenhados, a barba por fazer. Metrocles está lavando a verdura, um maço de cerefólio, enquanto Diógenes, ao seu lado, morde um pedaço de pão que, em sua parte côncava, tem um punhado de lentilhas. Assim, devora juntos o prato e a comida, muito

---

66 A fonte do episódio de Carnéades é Valerio Massimo, *Factorum et dictorum memorabilium libri novem*, por Carl Kempf, Leipzig, 1888, li. VIII, cap. 7, ext. 5, p. 389. Ver também a deliciosa interpretação de Harald Weinrich, *Lethe. Kunst und Kritik des Vergessens*, Munique: Beck, 1997, p. 124-125; tradução italiana: *Lete. Arte e critica dell'oblio*. Bolonha: Il Mulino, 1999, p. 132-133.

67 Em *Enkalyptomenos*, de Anaxipo, prevê-se, por parte do cozinheiro, um cardápio diverso para os enamorados, os cobradores de impostos, os velhos e os filósofos: "o filósofo, deus nos livre!, é o animal glutão além da medida ('adefágon to zoon eis hyperbole')". *Cf.* A. Giannini, *La figura del cuoco nella commedia greca, cit.*, p. 135-216, 172, v. 39.

ecologicamente, como as crianças que consomem produtos do McDonald's e que comem, depois das batatinhas fritas com *ketchup* e maionese (*sic*), o invólucro que as contém.

Com um gesto de mão, Diógenes indica a quem o circunda os outros alimentos colocados ali ao lado, tremoços, figos secos, azeitonas: está explicando que "no pão há carne, e na verdura há pão", porque "todos os elementos são contidos em todas as coisas e permeiam todas as coisas". Uma das versões que correm sobre a morte de Diógenes é que ele foi atacado por cólera depois de ter comido um polvo cru. Esperemos que não tenha sido um polvo vivo, como o pobre polvo de Achille Campanile,[68] que se escondia na banheira para fugir do camareiro tão parcimonioso quanto sádico.

Apoiado a uma coluna, pálido, sentindo arrepios e suores frios, Menedemo é tomado pela ânsia de vômito. Junto a Asclepíades, acabara de comer carne estragada, mas enquanto não sabia, estava bem. É apenas quando sabe que a carne estava estragada que começa a sentir náusea, porque não é a comida que a provoca, mas sim as palavras da explicação: é a relação entre a palavra e a coisa ingerida que provoca, ao mesmo tempo, a tomada de consciência de ter engolido comida estragada e o distúrbio orgânico. Asclepíades está ali, a seu lado, e com o dedo em riste o repreende, fazendo--lhe notar que "não são as carnes que lhe fazem mal, mas sim a falsa opinião que você tinha sobre elas".[69]

---

68 NT: Achile Campanille (1899-1977), escritor, autor, jornalista e crítico romano, conhecido por seu humor peculiar. O polvo a que a autora se refere é personagem de um de seus textos, chamado "Le disavventure di un polpo".

69 Diógenes Laércio, *A vida dos filósofos*, cit. As referências à alimentação dos filósofos gregos: Aristipo, I, ii, 6 (p. 74); Sócrates, I, ii, 5 (p. 60); Pitágoras, II, viii, 1 (p. 325-33); Heráclito, II, viii, 2 (p. 353); Platão, I, iii (p. 105-124); Aristóteles, I, v, 1 (p. 148) ("diz-se também que foram reencontratadas diversas panelas que a ele pertenciam"); Estilpo, I, ii, 11 (p. 89); Cleantes, II, vii, 5 (p. 305); Epicuro, I, x (p. 404-405); Metrocles, I, ii, 8 (p. 82); Diógenes, I, vi, 2 (p. 216-230); Menedemo, I, ii, 17 (p. 98-99).

É Medenemo quem nos mostra, de forma mais clara que os outros participantes de *Almoço de Atenas*, o relacionamento entre comida, palavras e filosofia; e o mostra também explicando que a sobremesa de sua modesta refeição "é constituída pelo discurso". De resto, ainda hoje, em banquetes oficiais, o orador da vez, com a língua solta pela comida e pelo vinho, guarda seu discurso até ser servido o último prato, esperando que suas palavras, como aquelas da deusa grega da persuasão, Peithò, sejam doces como o mel.

Sobre um monte à distância, enfim, de frente ao solitário Heráclito, um urso que está comendo sua pata esquerda (fig. 4). É a filosofia, personificada pelo plantígrado, que se alimenta de si mesma (*ipse alimenta sibi*, diz a expressão) porque não tem necessidade de alimentos a ela estranhos, nem artes nem ciência, mas é autossuficiente em sua própria autofagia.[70]

5.2 *A dieta filosófica*

Os filósofos não se limitam a comer: sendo filósofos – portanto, pessoas que por definição se esforçam em pensar nas coisas e de compreender delas o sentido globalmente – refletem também sobre aquilo que comem. E, vez ou outra, colocando em confronto as duas atividades (comer e filosofar), produzem pensamentos e indicações sobre "alimentação filosófica".

Ora, como deve ser uma alimentação filosófica correta e equilibrada? Sobre este ponto, os filósofos, personagens

---

70 Ou pelo menos esta é a interpretação que da figura, proveniente de Johann Jakob Brucker, *Historia critica philosophiae a mundi incunabulis ad nostrum usque aetatem deducta* (Leipzig: Breitkopf, 1749, t. I), fornece Wilhelm Weischedel, *Die philosophische Hintertreppe*. Munique: Nymphenburgen Verlagshandlung, 1996; tradução italiana: *La filosofia dalla scala di servizio. I grandi filosofi tra pensiero e vita quotidiana*. Milão: Cortina, 1996.

frequentemente litigiosos e polêmicos, estão todos de acordo, entre si e com o mestre Aristóteles: medida, medida e novamente medida. O regime dietético filosófico tem de ser sóbrio, baseado na justa medida. Na *Retórica* de Aristóteles, alguém pergunta ao padeiro se deveria fazer a massa dura ou mole. "O quê?", respondeu ele. "Não é possível fazê-la *bem*?". A anedota ilustra como deve ser a argumentação: nem muito rápida, porque a massa não teria tempo de "descansar", nem muito estendida, como uma massinha tão fina que tende a se romper; aquilo que é bom não reside no veloz ou no lento, mas na justa medida.[71]

O argumento é retomado por Kierkegaard em *Migalhas filosóficas*. Aqui também o título é metáfora alimentar, além de imagem das escrituras de Mateus 15, 27: "Até os cachorrinhos comem das migalhas que caem da mesa de seus donos", as migalhas sendo as coisas divinas da fé.

O filósofo dinamarquês, que frequentemente faz uso das metáforas alimentares, quer se sentir exonerado de obstáculos e exigências da época, de ritmos e esquemas a serem seguidos quando medita; ele gosta de pensar enquanto o pão de seus pensamentos não fica pronto, bom como aquele feito com a massa do padeiro de Aristóteles: "Eu continuo a ruminar os pensamentos" – afirma Kierkegaard sobre sua atividade filosófica – "enquanto, em minha opinião, a comida não fica pronta".

Que a dieta filosófica, portanto, seja conduzida com justa medida, seja no campo da ética, seja no campo do conhecimento. A dieta ética kierkegaardiana convida à frugalidade para com o mal, mas também para com os eventos extraordinários do tempo:

---

71 Aristóteles, *Retórica*, III (G), 16, 1416b.

Como um nobre grego que disse que se deve jejuar em relação ao mal (*nesteúein kakótetos*); vale também para a verdadeira concepção ética, que esta deva ser abstinente e sóbria; que não se cultive o desejo de ir, de modo histórico-universal, ao banquete, e de se inebriar com o assombroso. Essa abstinência, porém, é por sua vez eticamente entendida, o mais divino dos gozos e o alívio da eternidade que conforta o coração.

A dieta ética é conduzida com critérios bem diversos, nota Kierkegaard, no mundo cristão e no mundo grego:

O relacionamento entre estas duas grandes visões é mais ou menos o seguinte. Uma diz: abstenha-se de alimentos não saudáveis, dominem-se os apetites, e haverá saúde; a outra diz: pare-se de comer e de beber, e haverá a esperança de tornar-se, pouco a pouco, o nada.

A escolha da conduta a seguir, controle e regulação de um lado e jejum total de outro, é deixada para a consciência do indivíduo. Note-se que, em ambos os casos, a alternativa é entre a moderação e a abstinência: o exagero é excluído, mesmo porque pode reservar surpresas desagradáveis. Como é narrado na parábola da família que vai fazer um piquenique no campo e

coloca sobre a mesa um frango que é mais que suficiente para o pequeno número de convidados: esta refeição não é talvez copiosa em relação àquele grande banquete em que se prepara até um boi, mas no qual os participantes são tão numerosos que a cada um cabe apenas uma mordida?

A frase breve, quer dizer Kierkegaard, pode ser de grande conforto, até mais que as frases sonoras que o orador famoso lança ao público como se estivesse jogando pedaços de carne assada. Como é deliciosa a coxa do frango/a palavra de conforto do almoço familiar no campo!

Ainda mais minuciosa e articulada do que a prescrição da dieta ética são as prescrições da dieta cognitiva: Kierkegaard observa que seus tempos tiveram a desgraça de terem "se abarrotado de saber", cujo resultado é terem esquecido o que é o existir e o que deve significar a interioridade. Muito mais salutares são a sobriedade e a moderação, mesmo porque em alguns casos pode ser mais profícuo subtrair o alimento intelectual em vez de forçá-lo ainda mais:

> Quando um homem tem a boca tão cheia de comida que isso o impede de comer, fazendo com que, no fim, morra de fome, será que seria possível fazê-lo comer enchendo-lhe ainda mais a boca ou então tirando dali um pouco de comida? Assim é também quando um homem sabe demais, quando o seu saber não tem ou é como se não tivesse nenhuma importância. Uma comunicação razoável consistiria em alimentá-lo com mais conhecimento, mesmo que ele o pregue em voz alta, ou então em tirar algo dele?

Até mesmo no que tange ao acúmulo de lembranças, é necessário seguir uma dieta moderada, mas não demasiadamente; se é verdade que a lembrança eterna pode levar à loucura e à morte, também é verdade que "sabemos bem que um homem não pode resistir por muito tempo a pão e água". Um médico poderia, porém, preparar para ele "uma dieta que seja suficiente para que ele possa viver". Será uma dieta que prescreve um mínimo vital de esquecimento, uma espécie de curso de sobrevivência que lhe ensine a se manter firme na vida.[72]

---

72 Kierkegaard, *Postilla conclusive non scientifica alle "Briciole di filosofia"*, cit., p. 262 ("eu continuo a ruminar"); p. 335 ("como um nobre grego"); p. 335 ("coloque sobre a mesa um frango"); S. Kierkegaard, *Sul concetto di ironia in riferimento costante*

Não sei se Kierkegaard, tão imerso em sua metáfora alimentar que escreve prefácios para oferecer "um sabor do produto, se não o seu retrogosto", conhecia a dietética do pensamento (*Diaetetic des Denkens*) de Kant. Penso que, se a tivesse conhecido, não teria concordado com ela, já que, mais do que a abstinência, Kant propõe a variedade dos gostos, como havia feito também, mas com intenções diversas, John Locke com sua filosofia palatal, da qual trataremos daqui a pouco.

Em um aforisma de 1783-1784, Kant aconselhava variar o alimento mental, no caso de saturação do espírito.

> Há uma regra na dieta do comer e do beber que convida a não descuidar dos conselhos da natureza em relação ao apetite, e a parar de comer se, depois de uma pequena pausa, nota-se que ela não tem mais necessidade de nada; mais ainda: recusa a comida. O trabalho intelectual procede da mesma forma. A cabeça se recusa, de certo modo, a continuar a trabalhar, mas permite se ocupar de outra espécie. Lembrar disto é um pouco da dietética do pensar.[73]

Sabemos que, na nota fiscal das compras de Kant, havia sempre mostarda (na minha também, porque crianças e adultos gostam de mostarda; e também porque ela permite referências escriturais, principalmente a integral, porque

---

a Socrate (1841), *in* Milão: Rizzoli, 1995, p. 88 (a relação entre estas duas grandes visões); S. Kierkegaard, *Forord*, 1844; tradução italiana: *Prefazioni. Lettura ricreativa per determinati ceti a seconda dell'ora e della circostanza*, de Nicolaus Notabene, *in* BORSO, Dario (Ed.). Milão: Guerini e associate, 1990, p. 50.

73 Immanuel Kant, *Köche ohne Zunge. Notizen aus dem Nachlass, cit.*, 1105 (1783-1784), p. 51-52. ("Es ist eine Regel der Diät im Essen und Trinken, daß man den Wink der Natur in Ansehung des Appetits nicht geringachten sole und zu speisen aufhören, wenn man nach einer klainen Pause merkt, daß sie nichts mehr bedürfe oder sich gar weigere. Bei Geistesarbeiten ist es ebenso bewandt. Der Kopf wigert sich, in gewisser Art Arbeiten fortzufahren, aber erlaubt es wohl, ihn mit einer anderen Art zu beschäftigen. Hierauf zu merken ist ein Stück der Diaetetic des Denkens").

tem grãos inteiros). Kant colocava mostarda em todas as comidas para lhes dar sabor, assim como temperava com piadas picantes e cruas as conversas que conduzia à mesa, com seus comensais. É de se pensar, porém, que, se tivesse querido condimentar seus raciocínios para torná-los mais digeríveis ao palato do público, teria violado a regra da razão prática e do imperativo categórico: agir unicamente por dever, com o risco de comprometer, se por acaso escapam um pouco de prazer e de interesse, a própria moralidade da intenção e da ação. Discutiremos de forma mais acurada o caso em relação à posição de Kant sobre o consumo de café. O problema, porém, não toca a Locke, que queria apresentar da forma mais apetitosa possível os seus pensamentos ao leitor para que ficassem mais acessíveis, e também modificar "alguns pensamentos apressados e mal digeridos", que haviam formado a primeira introdução à sua escrita.

A dieta de Locke é individual, feita para agradar a todos. Na *Epístola ao leitor* do *Ensaio sobre o entendimento humano* (1960), Locke mostra ter conhecimento das diferenças de princípios, conceitos e gostos presentes entre os homens; não apenas isto: é também bem consciente de que as expressões obscuras se esclarecem se apresentadas com palavras e imagens diversas, já que nem tudo atinge de forma parecida a imaginação de todos os homens.

> Os nossos intelectos não são menos diversos do que nossos palatos, e aquele que pensa que a mesma verdade pode ser igualmente degustada por todos na mesma forma, pode também esperar satisfazer a todos com o mesmo tipo de cozinha: a carne pode ser a mesma, e igualmente nutritiva, mas nem todos serão capazes de comê-la com aquele tempero; e deverá ser preparada

de outra maneira para ser aceita por alguns, mesmo que tenham uma constituição robusta.[74]

A disponibilidade de Locke de adaptar a dieta aos gostos do leitor por um lado, e por outro lado a rigidez do imperativo categórico kantiano que nada concede ao prazer nos levam a refletir sobre um problema que creio angustiar qualquer cozinheiro ou cozinheira de casa, ou seja: como conciliar uma dieta equilibrada e baseada em princípios nutricionais corretos (alternar os alimentos, consumir produtos genuínos, respeitar a relação entre carboidratos, açúcares, proteínas, vitaminas etc.) com os gostos das crianças e dos jovens (supondo *a priori* que os adultos sejam mais ou menos onívoros), que geralmente se voltam para as batatinhas fritas, a *pizza*, a coca-cola e o espaguete ao sugo? "Nesta casa não se come *pasta* nunca!", sentencia minha filha Teresa se, ao chegar da escola, não a vê no prato. "Mas eu preparo *pasta* pelo menos uma vez por dia!" É minha resposta, e a tréplica é do tipo "Duas, seria melhor".

Não pretendo aqui confrontar o problema, mesmo que interessantíssimo, da preferência dos adolescentes pelos alimentos "molinhos e adocicados" como os produtos do McDonald's, sempre idênticos a si mesmos para respeitar a necessidade de uma uniformidade (*sameness*) dos jovens.[75] Prefiro intervir no relacionamento entre o dever (kantiano) e o prazer (lockeano) com uma solução pragmática ditada pelo bom senso. Buscar contentar um pouco a todos,

---

74 John Locke, *An essay concerning human understanding* (1690); tradução italiana: *Saggio sull'intelletto umano, in* ABBAGNANO, Marian; ABBAGNANO, Nicola (Ed.). Turim: Utet, 1971, p. 50.
75 Sobre a alimentação no McDonald's, Gisèle Harrus-Révidi escreveu algumas páginas instrutivas, tendo visto no hambúrguer em série algumas características do objeto transicional, como o ursinho ou o cobertorzinho. *Cf.* Gisèle Harrus-Révidi, *Psicanalisi del goloso, cit.,* p. 34-35.

oferecendo, na sequência das porções (primeiro prato, segundo prato, acompanhamento, sobremesa se houver – o antepasto, só no Natal) ou na presença simultânea dos alimentos no mesmo prato (picadinho com ervilhas e purê de batata), alguns, pelo menos, certamente apetitosos para todos (assim Teresa, a quem agrada a *pasta* mas não a carne, ali encontrará um pedacinho pequeno de carne com muito molho, muitas ervilhas e uma colherada abundante de purê). Ou então, para evitar conflitos à mesa, preparando estrategicamente a refeição menos apetitosa a um dos filhos no dia em que este vai almoçar na escola. Um convite à gestão autônoma da dieta intelectual vem do poeta inglês John Milton. Note-se que o conselho de agir segundo o próprio gosto é por ele endereçado explicitamente ao homem *maduro*; provavelmente, Milton pensava que, no tocante à alimentação dos menores, não era o caso de deixar a escolha da nutrição física e mental ao cargo deles, com o risco de recair em escolhas de alimentos molinhos e xaroposos ou de semanas escolares feitas de três domingos e quatro quintas--feiras. Assim escreve Milton em *Areopagitica* (1644):

> [...] quando Deus ampliou a todo o Universo a possibilidade de nutrição do corpo humano, observando-se as regras da moderação, de forma análoga deixou ao livre arbítrio a dieta e a nutrição de nossa mente; um campo em que todo homem maduro pudesse exercitar seus gostos dominantes.

Preservada a moderação, como sempre, a liberdade de escolha entre os alimentos espirituais que vão nutrir a mente é total, em Milton.[76]

---

76   John Milton, *Areopagitica* (1644), *in* WOLFE, D. M. (Ed.). *Complete prose works.* New Haven: Yale University Press, 1953 ss., v. 2, p. 513; tradução italiana em: BIGNAMI, Marialuisa. *Il progetto e il paradosso. Saggi sull'utopia in Inghilterra.* Milão: Guerini e

Mas a liberdade de escolha, na dieta filosófica, não arrisca resultados pobres do ponto de vista nutricional? Quem explica é Ludwig Wittgenstein, com quem, depois de voltarmos ao tempo de Kierkegaard e de Milton, chegamos novamente aos anos 1900. Seu conselho é usar de variedade na dieta filosófica, sem a qual o pensamento arrisca adoentar--se seriamente: "Uma das principais causas da doença filosófica – uma dieta unilateral: nutrimos o nosso pensamento com apenas um tipo de exemplos".[77]

Quando filosofamos, entretanto – refletindo sobre as proposições da linguagem, e de que outro jeito? –, devemos sempre nos esforçar em variar a dieta – aconselha o filósofo de Cambridge – imaginando exemplos e situações diferentes. Apenas assim o regime alimentar será rico e energizante.

Curiosamente, Wittgenstein pregava bem (na teoria filosófica) e fazia mal (na prática alimentar): parece que era bastante indiferente quanto ao que comia "porque era sempre a mesma coisa" (sic).[78]

---

associate, 1990.
77 WITTGENSTEIN, Ludwig. *Philosophische Untersuchungen*. Oxford: Basil Blackwell, 1953; tradução italiana: *Ricerche filosofiche*. Turim: Einaudi, 1967, § 593, p. 204.
78 Relatado por Wilhelm Weischedel, *La filosofia dalla scala di servizio, cit.*, p. 334.

6

O apetite dos filósofos

6.1 *Prazer da garganta e prazer do espírito (Platão, Epicuro, Aristóteles)*

A minha pequena crítica da razão culinária agora examinará alguns "casos" de aproximação entre pensamento filosófico e elaboração e ingestão dos alimentos em determinados autores, com suas consequências.

A resenha começa com Epicuro, filósofo grego que viveu entre os séculos IV e III a. C., e que abriu sua escola em um jardim de Atenas (ou era uma horta, onde se cultivavam não apenas plantas ornamentais, mas também frutas, verduras e talvez algumas vidas?). A partir de seu nome, herdamos o termo "epicureu", para indicar alguém que ama a boa vida, uma pessoa dada aos prazeres, o que diz muito, se não sobre o que Epicuro fazia e pensava, pelo menos sobre o que seus contemporâneos pensavam sobre ele. Epicuro teve a ventura (ou a desventura) de pronunciar a famosa frase: "Origem e raiz de todo prazer é o estômago; a este se reduzem todas as coisas da sabedoria e todas as coisas do refinamento". E com isto, teve sua reputação avariada por mais de vinte e dois séculos.[79]

Também (e sobretudo) teve sua reputação avariada por ter sido alvo das críticas dos platônicos – e Platão, como já bem sabemos, se engalfinhava até a morte com a culinária, com os prazeres do comer e do beber, e com os prazeres do gênero, até mesmo aqueles intelectuais. Que são, além disso, nota o próprio Platão – e eis aqui o paradoxo –, similares entre si; o "prazer", de fato, explica o filósofo, corresponde a um processo de preenchimento do vazio que se produz respectivamente no corpo e no espírito: fome, sede e percepções similares são um vazio do corpo – "tenho um buraco no estômago" –, tal como irracionalidade e ignorância são um vazio da alma.[80]

A sensação de prazer corresponde ao momento de preenchimento do vazio, ou seja, da nutrição, física ou espiritual. Mas o preenchimento mais verdadeiro e apreciado é, declara Platão – introduzindo neste momento uma superequação de valor entre os dois aspectos, a nutrição espiritual, que "sacia mais porque contém mais ser" (parece um *slogan* publicitário...): este, de fato abraça um conteúdo de realidade superior e participa da verdadeira essência, imóvel e eterna, da ciência. E desta forma é formulada a condenação da doutrina do prazer, que não poderá passar desapercebida

---

79 O dito de Epicuro: fr. 409. A Epicuro é dedicado um recente livreto de receitas muito econômicas, acompanhadas de comentários filosóficos, compilado por uma arquiteta-cozinheira e por um artista-filósofo. Não aconselho a execução das receitas: margarina demais: KENDZIORA, Rüdiger; WYSOCKI, Eva-Margarete. *Epikur am Küchentish. Philosophisches Kochbuck mit preiswerten Rezepten*, Berlim: Frielig, 1977.
80 Platão, *Rep.* 585b.

a Epicuro.[81] Entretanto, Epicuro também parece considerar natural a analogia entre o alimento material e o alimento espiritual, já que, na asserção supracitada, do fr. 409, sustenta entre outras coisas que também "as coisas da sabedoria" (*tá sophá*) se referem aos prazeres da comida, afirmando, em outras palavras, que o saber (*sophía*) é sabor, e a saciedade do espírito é satisfatória tanto quanto a saciedade do corpo. Saciedade que os críticos benévolos permitiram que fosse atingida, por parte do filósofo, com alguns goles de água e um pouco de pão (fr. 602).

O que não impediu que o epicurismo fosse alvo de paródias e escárnios na Antiguidade – por exemplo, em uma comédia de Damoxenos, *Synthrophoi* – enquanto doutrina de desnecessária arte de lautos de dispendiosos banquetes. No capítulo dois, já conhecemos aquele cozinheiro filósofo que mostra ser discípulo de Epicuro, o único sábio que viu o que é o bem e soube cozinhá-lo e servi-lo, e isto porque também ele era um cozinheiro! Tanto é que o cozinheiro da comédia se apresenta como aluno de Epicuro, não como aluno-filósofo, mas sim como aluno-cozinheiro (*mágheiros*). Tudo se presta a uma contínua paródia: Epicuro pode instruir aprendizes de cozinheiro porque os muitos banquetes que teve lhe consentiram ampla experiência no campo da culinária, integrando-a à própria disposição natural. Não há nada de mais eficaz, de fato, do que educar e aumentar as capacidades e os talentos recebidos da natureza. Assim, para Epicuro foi mais fácil do que para outros tornar-se um excelente cozinheiro, tanto que sua filosofia tão afim à culinária – como aquela de seu predecessor Demócrito,

---

81 *Cf.* BIGNONE, Ettore. *L'Aristotele perduto e la formazione filosofica di Epicuro*, 2 v. Florença: La Nuova Italia, 1936, p. 3-19, v. 2.

aliás – pode satisfazer da melhor forma os gostos de seus leitores e ouvintes.[82]

Quase seguramente Epicuro não era aquele glutão bulímico retratado por seus contemporâneos, que reprovavam uma imoderada paixão pela comida e pelo vinho, dizendo que a sua glutonice o obrigava a vomitar várias vezes ao dia. Ele apenas pregava a saciedade da fome, parece, como condição para que o sábio saboreasse a plenitude da serenidade na conquistada paz do corpo, a única que lhe poderia conceder uma vida sem temores nem anseios.

A doutrina de Epicuro não demonizava o prazer, nem mesmo aquele dado pela comida, assim como não o demonizava mais Aristóteles, o qual, ao menos após ter abandonado a teoria platônica das ideias, começou uma reabilitação parcial da teoria hedonista, como demonstra o fato de que será novamente um cozinheiro o exemplo tomado pelo filósofo em *Magna moralia*, para definir positivamente o artesão do prazer. Depois de ter sustentado que o prazer oferece um forte impulso às atividades dele nascidas, e que quem age com prazer será ainda mais ativo e produzido em seu comportamento que alguém que aja por constrição (e quem poderia negar a afirmação aristotélica?), o estagirita afirma que os prazeres derivam não apenas da ciência e das artes teóricas, mas também das artes práticas, como demonstra, para variar, o exemplo do cozinheiro que, ao preparar refeições, apresenta-se "produtor profissional do prazer".[83]

---

82 *Cf.* H. Dohm, *Mágeiros, cit.*, p. 163-168; A. Giannini, *La figura del cuoco nella commedia greca, cit.*, p. 135-216.
83 Aristóteles, *Magna moralia*, 1206a.

6.2 *Fome e sede da alma e do intelecto (Dante)*

Façamos agora um salto para frente, muitos séculos à frente, e movamo-nos no espaço para considerar um outro caso de paralelismo entre o apetite cognitivo e o apetite corpóreo: Dante Alighieri.

> Ed io rispondo: io credo in uno Dio
> solo ed eterno, che tutto 'l ciel move,
> non moto, con amore e con disio.[84]

É com estas palavras que Dante responde a São Pedro quando este lhe pede que exponha sua crença em um canto do *Paraíso*, o XXIV, que se abre com uma metáfora bem cara ao poeta e frequente nos textos das Escrituras: a metáfora do banquete em que estão presentes os santos eleitos como convidados à ceia eterna de Cristo, que os satisfaz de tal forma que seu desejo está sempre acalmado e satisfeito:

> O sodalizio eletto a la gran cena
> del benedetto Agnello il qual vi ciba
> sì, che la vostra voglia è sempre piena.[85]

Na obra poética de Dante, o mundo todo é construído sobre o movimento dos seres postos entre a inércia terrestre e a calma e imobilidade divinas: cada coisa que se encontra entre estes opostos, os céus, os anjos, as almas dos mortais, tudo é colocado em movimento pela força do amor divino, que atrai tudo a si, estimulando o seu desejo ("apetite") de se juntar a ele na imóvel eternidade. As duas palavras de ordem da construção são, portanto,

---

84 "Em um só Deus eu creio onipotente / Eterno, que, imutável, os céus move / No desejo e no amor sempre clemente". *Paraíso*. Tradução de José Pedro Xavier Pinheiro.
85 "Ó sodalício, à ceia convidado / Do cordeiro de Deus, que dá sustento / Tal, que o apetite heis sempre saciado". *Paraíso*. Tradução de José P. X. Pinheiro.

"movimento" e "apetite"; é o apetite, no sentido de desejo, mas em analogia com a vontade de comida, que leva a alma ao movimento espiritual. A alma dos homens é, de fato, movida pelo desejo de encontrar satisfação da fome, participando da refeição eterna e imóvel de Cristo. A alma é desejosa de alimento espiritual não por avidez nem por escolha arbitrária, mas por necessidade imanente do desejo e de sua adequada satisfação.

É neste paralelismo que todo *O convívio* de Dante se baseia, obra já citada como exemplo de "literatura alimentar" no capítulo 1. Ela começa, de fato, com as seguintes palavras: "Como disse o filósofo no princípio da Primeira Filosofia, todos os homens desejam, naturalmente, saber".

O desejo natural de saber é afim ao desejo de comida e de bebida, e a metáfora alimentar é conduzida com espontaneidade pelo poeta durante todo *O convívio*, cujas canções já sabemos que formam as refeições, e os comentários, o pão que as torna digeríveis.

O mesmo "pão dos anjos" que ali se come é oferecido uma outra vez, no *Paraíso*, aos poucos, mas astutos leitores da *Comédia*, aqueles que, desde jovens, elevaram a mente à aquisição da ciência divina, o "pão dos anjos" exatamente, o conhecimento sobrenatural de Deus que apenas no paraíso se realiza plenamente, face a face com a presença divina. Na Terra, de fato o homem se nutre, sim, da sapiência, mas não se pode dela saciar porque a sua natureza é limitada.

Uma sede inextinguível de água da fonte divina tortura as almas, e é ela mesma que eleva Dante e Beatriz da montanha do Purgatório ao céu:

La concreata e perpetua sete
del deiforme regno cen portava
veloci quasi come 'l ciel vedete.[86]

Trata-se aqui da sede-desejo de Deus que é atração inata no homem, criada junto com ele, universal e perene, mas que jamais poderá esperar ser apagada e satisfeita completamente sobre a terra. Aquilo que a alma mais deseja é a sapiência em sua forma mais alta e completa, ou seja, como conhecimento do que é verdadeiro:

> Io veggio ben che già mai non si sazia
> nostro intelletto, se 'l ver non lo illustra
> di fuor dal qual nessun vero si spazia.

Nota-se, nesta tercina, a presença de uma metáfora dupla: a verdade que sacia (*sazia*) e a verdade que ilumina (*illustra*): a verdade é luz − e neste ponto a literatura é rica de informações[87] −, mas, completa Dante, a verdade é também pão, comida (no que nos deteremos mais quando falarmos dos alimentos filosóficos). Verdade, luz e pão são idênticos para o poeta, como se vê pelo fato de que as imagens de iluminação e saciedade se sobrepõem e se confundem, por exemplo, na passagem em que as almas do segundo céu dizem a Dante:

> del lume che per tutto il ciel si spazia,
> noi semo accesi; e però, se disii
> di noi chiarirti, a tuo piacer ti sazia.[88]

---

86   "Perpétua, inata sede nos tomara / Do império deiforme e nos levava / Quase bem como o / céu, que jamais para". *Paraíso*. Tradução de José Pedro Xavier Pinheiro.
87   Pense-se, sobretudo, em BLUMENBERG, Hans. Licht als Metapher der Wahrheit. *Studium generale*, v. 10, p. 432-447, 1951.
88   "Nos lumes, que no céu há mais brilhantes, / Ardemos: te darei, se as pretenderes, / Ao teu desejo informações bastantes". *Paraíso*. Tradução de José Pedro Xavier Pinheiro.

Em suma, para Dante, o desejo de saber é como a fome: um impulso natural que coloca o homem em movimento e que pode ser aplacado apenas pelo "pão dos anjos", pelo pão da verdade divina.[89]

Mesmo que Dante não seja considerado exatamente um filósofo, as suas metáforas alimentares certamente contribuíram para a criação de uma visão de mundo muito perpetuada.[90] Sua insistência nas imagens mentais da fome e da sede me sugere a observação de uma característica das metáforas que, mesmo nos exemplos, precedentes é possível constatar. Para segui-la melhor, relembremos por um instante como trabalham as metáforas.

A metáfora, compreendida no sentido de Quintiliano, de *similitudo brevis*, comparação abreviada, nos faz compreender com sua presença que na frase "O prado ri" aconteceu a transferência (*meta-foré*) de sentido de uma coisa (ou situação) para outra. A frase quer dizer, portanto: o prato coberto de flores e plantas primaveris é doce e sereno como um vulto sorridente. Basta-nos ouvir esta expressão metafórica para ver, com os olhos da imaginação, uma planície verdíssima constelada de margaridas e de dentes-de-leão em que dominam três cores: verde, branco e amarelo.

Em algumas metáforas, a transferência de significado acontece por uma troca de atributos entre o sujeito que sofre uma sensação e a própria sensação, a qual repete a ação que é exatamente do próprio sujeito. Vejamos a fome e a sede de Dante: quem é o homem que tem fome e sede (de saber ou

---

89   As referências à *Divina Comédia* de Dante: *Par*. XXIV, 130-132 ("Ed io rispondo"); *Par*. XXIV, 1-3 ("O sodalizio eletto"); Purg. XVIII, 32 (moto spiritual); Par. II, 11 ("pan de li angeli"); Par. II, 19-21 ("La concreata"); Par. IV, 124-126 ("Io veggio ben"); Par. V, 118-120 ("del lume che per tutto il ciel").

90   *Cf.* NAUMANN, Walter. Hunger und Durst als Metaphern bei Dante. *Romanische Forschung*, v. 54, p. 13-36, 1940.

de comida e água)? É, por exemplo, o guloso, punido por Dante, em *Purgatório*, com a pena do contrapasso. Mas o que é que nos diz a linguagem nesta situação? Ela nos diz que a fome "devora" as pessoas que têm fome, que a sede "queima" aquelas que têm sede. Mas é a pessoa que tem fome que gostaria de devorar algo, e é quem tem sede que sente a garganta queimar... Os sentimentos de fome e sede foram personificados, tornaram-se a "Fome", como na terrível figuração dada por Ovídio em *Metamorfoses*. Uma figura humana esquelética é a fome, as órbitas côncavas, os lábios acinzentados, um vulto lívido, um ser humano devastado, com a pele áspera e semitransparente e os ossos salientes, que, com as unhas e os dentes, arranca plantas esparsas do terreno rochoso:

> [...] Famem lapidoso vidit in agro
> unguibus et raras vellentem dentibus herbas.[91]

A fome se tornou, no processo metafórico, uma pessoa esfomeada que como tal parece e se comporta; e quem dela sofre é devorado e comido pela própria fome.

6.3 *Homens e mulheres na cozinha (Kant, Condorcet)*

A sede de conhecimento, Kant também sente vivamente. Mas a sapiência a que Kant anseia perdeu os contornos divinos daquela desejada por Dante: é um conhecimento de coisas terrenas, é a sede do pesquisador moderno de qualquer disciplina científica – e Kant se sentia, por inclinação e vocação, um pesquisador.[92] Já conhecemos os preceitos de

---

91   Públio Ovídio Naso, *Metamorphoseon libri quindecim*, VIII, 799-808.

92   "Eu mesmo por inclinação sou um pesquisador. Sinto toda a sede de conhecimento [...]" ("Ich bin selbst aus Neigung ein Forscher. Ich fühle den ganzen Durst nach Erkenntnis [...]"). I. Kant, *Köche ohne Zunge. Notizen aus dem Nachlass, cit.*, p. 93.

sua dieta filosófica, em particular a variedade. Talvez nos seja menos conhecido o relacionamento do filósofo de Königsberg com a alimentação, cuja descrição direta obtemos por meio dos relatos acurados de três de seus conhecidos e biógrafos: Borowski, Jachmann e Wassianski.

Os primeiros dois, sobretudo, descreveram longa e amplamente os hábitos do filósofo à mesa. Assim, sabemos que Kant tomava café pela manhã com duas xícaras de chá e um cachimbo de tabaco, "vestido com robe e touca de dormir, sobre a qual colocava ainda um chapeuzinho de três pontas", provavelmente para que suas ideias não se resfriassem. Ele realmente teria preferido o café, pelo qual tinha muita simpatia – não o beber realmente o aborrecia, sobretudo quando tinha companhia e o aroma o provocava. Mas colocando em prática, em si mesmo, o imperativo categórico com toda a carga de supressão que comporta, e "convencido como estava de que o óleo do café fosse nocivo, dele se abstinha por completo".

Ora, é exatamente o detalhe da nocividade do café que tende a tornar vã a moralidade da ação de se abster completamente, enquanto ditada por interesse. A máxima, porém, é universal, porque se o café é nocivo, é nocivo para todos, e todos deveriam dele se abster; mas se ajo de maneira tal que a máxima de minha ação ("abstenho-me de café") seja elevada, pela minha vontade, a lei universal da natureza ("todos se abstêm de café"), incluo ou não um conteúdo de interesse e de egoísmo? O ato de não beber café é necessário por si mesmo objetivamente, sem relação com nenhum outro fim? É bom em si, necessário para uma vontade em si conforme a razão? É um imperativo categórico? Ou a ação de não beber café é boa em vista de algum objetivo, possível ou real, por exemplo, não sofrer os efeitos nocivos do óleo do café? É então um imperativo hipotético?

Sigamos adiante. Depois do café da manhã, que devia acontecer bem cedo, já que o fiel empregado Lampe acordava Kant todas as manhãs às 5 horas em ponto, trabalhava na universidade e na escrivaninha, e depois o almoço, ao meio-dia, de que o filósofo participava com "grandíssimo apetite". Os biógrafos nos contam exatamente o número e o conteúdo dos pratos e dos condimentos (já sabemos da predileção pela mostarda; também a manteiga lhe agradava muito; ele a colocava em grande quantidade nas verduras e nas carnes). A comida preferida de Kant era o bacalhau. Até mesmo quando estava satisfeito, nosso filósofo pensava que poderia comer mais um prato de bacalhau (um prato "fundo"), e com grande apetite.

Mas o que é mais curioso ainda é que Kant, contradizendo sua índole de prussiano, enquanto comia falava de comida, prerrogativa que nos dias de hoje os preconceituosos nórdicos atribuem apenas a franceses e a italianos, e com uma ponta de desprezo. Comer e comentar com a palavra aquilo que se come, como foi preparado e cozinhado ("o que você colocou aqui?"), buscando, talvez, se não se está em casa, adivinhar a receita, é um dos grandes prazeres da mesa, e pobre de quem não o conhece. É como se as palavras "recozinhassem" tudo: o prazer se duplica e se renova, parece que se come duas vezes. Pois então, à mesa Kant não conversava sobre a crítica da razão pura ou sobre a revolução que naqueles anos acontecia na França, mas comentava sobre a comida, resenhava, anotava, postilava com precisão meticulosa. Se estivesse na casa de alguém ou no restaurante e a refeição lhe agradasse, pedia para que lhe explicassem, mesmo na presença dos homens, o modo de preparo, e criticava asperamente uma coisa ou outra que parecesse necessária a alguém. Hippel [escritor de Königsberg, autor de romances pedagógico-filosóficos] lhe disse muitas vezes, brincando, que cedo ou tarde ele acabaria por escrever uma *Crítica da arte culinária*.

O senhor Theodor Gottlieb von Hippel, além de ser um comensal habitual de Kant, foi autor de tratados muito espirituosos sobre a questão feminina. Imagino – apenas imagino – que suas páginas dessem espaço às opiniões de Kant a respeito dos trabalhos domésticos. A este respeito, aliás, não se pode certamente definir Kant como um "filósofo das mulheres", como foi dito, não sei com quanta razão, sobre Hume.[93]

O conhecimento da cozinha e seu direcionamento são a verdadeira honra da mulher, sentenciava Kant. Provendo alegria e descanso ao marido quando, após uma manhã cansativa, ele se senta à mesa exausto e fraco, ela provê a si mesma alegrias cordiais, conversas reconfortantes, e assim por diante. Isto explicava porque – no parecer de Kant – era mais aconselhável contratar um cozinheiro para dar à filha uma hora de aula sobre a arte da cozinha que contratar um professor de música para dar a ela uma hora de arte sonora, pois quando estivesse com seu futuro marido, fosse ele quem fosse – intelectual ou homem de negócios –, ela conquistaria mais estima e afeto acolhendo-o, quando ele chegasse do trabalho, com um prato saboroso sem música, que com um prato ruim com música.

---

93 As dúvidas nascem em mim pelas declarações deste teor: "Como a natureza deu ao homem a superioridade em relação à mulher, dotando-o de maior força tanto de ânimo quanto de corpo, ele tem o dever de adocicar esta superioridade quando for possível com a generosidade de seu comportamento e com uma estudada deferência a e complacência por todas as inclinações dela". David Hume, *in* PRETI, Giulio (Ed.). *La regola del gusto*. Bari: Laterza, 1967, p. 100.

É difícil, levando em conta essas posições de Kant, conciliarmo-nos com a imagem do filósofo paladino da dignidade universal. Universal para quem? A moralidade, segundo Kant, é a condição exclusiva para que um ser racional possa ser fim em si e se constituir "membro legislador do reino dos fins". As mulheres são seres racionais? São membros do reino dos fins?

Mais explícito e menos filisteu que Kant é um contemporâneo seu, francês, o *philosophe* Condorcet, marquês e cidadão, que não tinha a menor prática na cozinha, mas pensava que as mulheres não deveriam passar sua vida ali, e tirar dali sua honra; nem, presumo, "teria se afastado instantaneamente" de uma mulher que tivesse desejado conversar com ele sobre a Revolução Francesa, como Kant dizia que teria feito, já que Condorcet reconhecia, ao sexo feminino, exatamente a mesma racionalidade e os mesmos direitos do sexo masculino.[94]

Não era, porém, um prático na cozinha, o pobre Condorcet – ele, sim, realmente um "filósofo das mulheres" –, e digo pobre porque essa inexperiência teve para ele consequências fatais. Caçado pela perseguição jacobina por suas posições girondinas moderadas, Condorcet fugiu, numa tarde, da casa parisiense onde havia encontrado refúgio (estamos na primavera de 1794) e vagou por toda a noite pelos campos em torno da capital. Cansado, na manhã seguinte entrou

---

94 Citações do biógrafo de Kant em BOROWSKI, L. E., JACHMANN, R. B., WASIANSKI, E. A. Ch. *Immanuel Kant. Ein Lebensbild* (1804). Halle: Hugo Peter, 1907; tradução italiana: *La vita di Immanuel Kant narrate da tre contemporanei*. Bari: Laterza, 1969. Prefácio de Eugenio Garin. Reinhold Berhard Jachmann, *Immanuel Kant descritto in lettere a un amico*, p. 192 ("vestido com robe"); *ibidem* ("convencido como estava"); p. 193 ("com grandíssimo apetite"); p. 193 ("bacalhau"); p. 195 ("uma hora de aulas"). Ludwig Ernst Borowski, *Descrizione della vita e del carattere di Immanuel Kant, accuratamente riveduta e corretta da Kant stesso*, p. 50 ("pedia para que lhe explicassem"); p. 35 ("O conhecimento da cozinha"); p. 62 ("teria se afastado instantaneamente").

em uma taverna, contam seus biógrafos, e pediu algo para comer. Foi-lhe oferecida uma fritada (imagino que o taverneiro tenha dito *omelette*). "Com quantos ovos quer?", perguntou o taverneiro, e o Marquês de Condorcet, que jamais havia entrado na cozinha em sua vida, assim como Cassirer, e talvez não soubesse nem mesmo que as fritadas se fazem com ovos, respondeu, titubeante: "... doze?". Esta resposta, junto com suas mãos de aristocrata, levantou as suspeitas do taverneiro, que o trancou em um aposento e chamou a polícia (os jacobinos). O resto, já conhecemos – e não é divertido.

6.4 *Náusea e jejum do filósofo (Sartre, Wittgenstein)*

No parágrafo dedicado à digestão e à assimilação, no capítulo IV, eu supunha que o filósofo francês existencialista Jean-Paul Sartre não tivesse tido uma relação serena com a comida; uma outra suspeita nesta direção brota em mim com seu romance filosófico *A náusea*, de 1938. O protagonista, o historiador Roquentin, que vive sem casa e sem trabalho físico, percebe o sentido da náusea como uma correlação física de sua tomada de consciência. Em particular, Roquentin vê um forte contraste entre o mundo da existência e o mundo da consciência. O primeiro é cheio de atributos nauseantes e ruins: o mundo da existência é viscoso, mole, açucarado: "mou, vague, doux, flou, organique, visqueux, sucré, tiède", como a baba branca do espírito-aranha. O mundo da consciência, completamente oposto, é cheio de valores positivos: é puro e adamantino, claro e preciso, "sec, abstrait, austère, propre, dur, métallique, aride, pureté, diamante, mince et ferme, net et précis".[95]

---

95 SARTRE, Jean-Paul. *La nausée*. Paris: Gallimard, 1938, p. 31, 32, 37, 133 e *passim*;

O primeiro grupo de características, aquelas "babosas", evocam comidas moles e doces, ao estilo McDonald's. A realidade que manifesta estas características é repugnante e nauseabunda, e convida-nos a nos voltar à consciência, livre de produzir algo de irreal em que se refugiar. A posição filosófica de Sartre parece sustentar o contrário: o eu deve se compreender externo à consciência, no mundo, fora, entre os outros (que, porém, estão no inferno...), na rua, no caminho, em meio à multidão, coisa entre coisas, homem entre homens. As coisas não podem ser dissolvidas e digeridas na consciência: estão ali, externas a ela, duras e secas, agudas e firmes. Mas é exatamente neste contraste que vive o drama existencial da consciência, dilacerada entre o ser além do ser e o não querer aniquilar-se no ser a ela externo; daqui a "náusea" pelo mundo, pelo ser em si das coisas, a mesma náusea ao mole e adocicado que Roquentin experimenta.

Também o filósofo vienense Wittgenstein deve ter sido tudo, menos um *gourmand*. Já conhecemos a monotonia de sua alimentação e seu desejo de comer sempre a mesma coisa. Claro que em todo caso ele privilegiava a simplicidade, e a lenda diz que se nutria quase exclusivamente de flocos de aveia. Também já notamos o paradoxo entre a tão buscada uniformidade da comida e a apregoada variedade da dieta filosófica. Encontramos uma outra referência à dieta filosófica em uma de suas notas, de 1931. Aqui, o preceito tem um tom prescritivo, normativo. A filosofia não segue o princípio do prazer, mas sim o do dever, propondo alimentos que modificam o gosto de quem os saboreia: "Quem hoje ensina filosofia dá alimentos ao outro, não porque a ele agradam, mas para modificar o seu gosto".[96]

---

tradução italiana: *La nausea*. Turim: Einaudi, 1975.

96   Ludwig Wittgenstein, nota de 22.11.1931, *Aus dem Nachlass* (MS 112, 223), inserido

Entretanto, Wittgenstein não refuta o universo alimentar e culinário. Em uma curiosa afirmativa juvenil, que remonta aos anos da I Guerra Mundial, quando era soldado no *front*, ele declara que consegue pensar e trabalhar melhor enquanto descasca batatas ("Am besten kann ich jetzt arbeiten, während ich Kartoffeln schäle"). E algumas décadas depois escreveria, reconfirmando a intuição, que os pensamentos que coloca no papel são parecidos com maçãs por muito tempo fechadas em um saco. É preciso cortar fora a parte escurecida em muitos deles, para salvar aquilo que ainda é comestível.[97]

Não posso desmenti-lo: *si parva licet componere magnis* (se é lícito comparar as coisas pequenas às grandes), eu também consigo trabalhar e pensar muito bem se desenvolvo com as mãos uma atividade caseira repetitiva, mas tranquila, como descascar batatas, lavar as verduras, passar roupas, meditando entre as pregas dos vestidos e as da consciência. Spinoza também filosofava enquanto polia suas lentes, e agora?

Voltando a Wittgenstein, exatamente no período juvenil, quando pensava e descascava batatas, pode-se notar um uso de expressões do qual transparece uma espécie de substancialismo da língua, um tipo de reificação que parece dizer que real é aquilo que se come. Uma série de anotações, datadas do outono de 1914, demonstra isso: ali, Wittgenstein

---

em *Vermischte Bemerkungen*. Frankfurt a.M: Suhrkamp, 1977, p. 41 (edição italiana: *Pensieri diversi*. Milão: Adelphi, 1980, p. 43): "Wer heute Philosophie lehrt, gibt dem Andern Speisen nicht, weil sie ihm schmecken, sondern, um seinen Geschmack zu ändern", que Michele Ranchetti traduz: "ma per alterare il suo gusto" ("mas para alterar o seu gosto"). Proponho, porém: "mas para modificar o seu gosto".

97 Citações de Wittgenstein: nota de 15.9.1914 de *Gmundener Notizbücher*, in BAUM, Wilhelm. Ludwig Wittgenstein: Geheime Tagebücher. Der verschlüsselte Teil der *Gmundener Notizbücher*. *Saber*, n. 5, p. 24-32 e n. 6, p. 30-59, 1985 ("enquanto descasco as batatas"), e WITTGENSTEIN, L. *Vermischte Bemerkungen*. Frankfurt a.M.: Suhrkamp, 1977, p. 64-65 ("maçãs como frases escritas") (edição italiana: *Pensieri diversi, cit.*).

continua a repetir que a palavra resolutiva, a solução do problema que o angustiava, o pensamento conclusivo – mas não diz qual problema – está "na ponta da língua", como um pedaço de comida, que então, porém, escapa-lhe de novo. A mesma expressão é repetida por alguns dias, e esse estar na ponta da língua parece assumir uma consistência material, tornando-se quase uma antecipação da essencialidade da linguagem ("Ontem eu o tinha novamente na ponta da língua. Mas depois ele escapa para trás").[98] A língua, órgão do paladar e da palavra, da sensação e da retórica, da quietude e da ação.[99]

A interferência metafórica da língua leva da ideia da presença de uma massa física à ideia da dissolução da massa, novamente engolida, no interior do corpo. Mas o pensamento não deixa de obcecá-lo e, em 26 de novembro de 1914, pela enésima vez, Wittgenstein escreve: "Novamente, a consciência faltante está na ponta da minha língua".

Mas se continua a perdê-la, a deixá-la escapar, a esquecê-la, corre o risco de que a língua se torne inútil, grudada ao palato, como recita o Salmo 137: "Cole-se-me a língua ao céu da boca, se não me lembrar de ti, Jerusalém". E o filósofo não poderá fazer nada além de jejuar e calar-se.

---

98 "Gestern lag es mir einmal ganz auf der Zunge. Dann aber gleitet es wieder zurück": nota de 22.11.1914, *in* L. Wittgenstein, *Gmundener Notizbücher, cit.*

99 BLUMENBERG, Hans. *Lebensthemen*. Stuttgart: Reclam, 1998, p. 126.

7

Comidas e bebidas filosóficas

7.1 *O pão da verdade*

Uma anedota de Diógenes Laércio, com referência ao antigo filósofo Bion, narra que "em Rodi, enquanto os atenienses se exercitavam na oratória, ele ensinava filosofia: a alguém que tentou questioná-lo, ele respondeu 'como posso vender cevada, eu que trouxe trigo?' ".[100]

O trigo da filosofia, obviamente, o cereal superior que corresponde à disciplina superior, e é inútil repetir que muitos compartilham da convicção platônica da superioridade do trigo da filosofia em relação à cevada da retórica, em cujos princípios se baseia a oratória.

A natureza da comparação é afim àquela da metáfora de Dante, já que, em *Convívio*, explica ao leitor, como já sabemos, que o pão do comentário será de *biado*[101] (ou seja, em língua italiana) e não de *frumento*[102] (em língua latina). Será,

---

100 DIÓGENES LAÉRCIO, *Vite dei filosofii, cit.*, v. I, IV, 7, p. 156.
101 NT: cevada ou outro cereal que não o trigo.
102 NT: trigo duro.

continua Dante, "[a]quele pão de cevada do qual se saciarão milhares, e meus cestos cheios transbordarão dele. Isto será luz nova, sol novo [...]".[103]

O pão será o da sabedoria, um pão "luminoso", ousarei dizer, que preenche de consciência a mente esfomeada. Os conceitos importantes da consciência, parece nos sugerir esta imagem, são recheados ao mesmo tempo em ordem, estrutura, forma; não são mais estruturas isoladas e autônomas – farinha, água, fermento –, mas é como se fossem unidas por um laço muito estreito, de tipo comunitário e familiar, como aquele que apresenta a forma de pão, cozido e preparado para ser comido.

Não nos esqueçamos de que o ritual da eucaristia cristã prevê que se coma o pão da hóstia para tornar-se similar a Cristo. Mas se Cristo é a verdade, a ingestão da hóstia é um modo literal de *adaequatio rei et intellectus*, uma maneira de chegar à verdade assimilando-a fisicamente. A representação da adequação perfeita do objeto e do intelecto, a definição filosófica da verdade antes que fosse colocada em crise (própria da retórica), encontra sua expressão mais pertinente na assimilação entre conteúdo e continente, entre consumido e consumidor. A verdade é pão. E o momento do crescimento do pão, já vimos, é o paradigma da coexistência de um e múltiplo na transformação e no crescimento da passagem de uma estrutura a outra, gerado pela força multiplicadora do fermento.

Do mundo que perdemos – por sorte, dizem muitos; eu, porém, conservei um pouco de nostalgia – faz parte o ritual da preparação do pão. Isabel Allende olha com olhos encantados uma freira sem hábito que, na cozinha

---

103 Dante, *Il convivio, cit.*

de um convento em Bruxelas, preparava o pão que nascia da "misteriosa cópula do fermento, da farinha e da água".

A freira preparava a massa, colocava-a em moldes, cobria-os com um pano branco e deixava-os repousar em uma mesa de madeira, e dali a pouco, do outro extremo da cozinha, via-se

> o simples milagre cotidiano da farinha e da poesia, o conteúdo das formas adquiria vida e um processo lento e sensual desenvolvia-se sob aqueles guardanapos brancos que, como lençóis discretos, cobriam a nudez dos pães.[104]

O conteúdo das formas toma vida, cresce e se move como a criança se move e cresce envolvida pela placenta, protegida pelo misterioso "doce da mãe" (*Mutterkuchen*), até quando estiver pronto para ver a luz do mundo e beber seu leite.

7.2 *Palavras de leite*

As crianças (as menores, especialmente) precisam de leite; de leite e de palavras. O aleitamento é também a ocasião de se comunicar com a criança com os olhos, com a voz, com o nariz, com as mãos, olhando-a, falando com ela, cheirando-a, tocando-a, devorando-a: "Te devorarei com os olhos, te comerei com meus beijos", dizem algumas expressões de amor materno, o amor plotiniano, que jorra em cascatas, o amor que não tem necessidade de correspondência porque é espontâneo e gratuito.

O Antigo Testamento usa a imagem do amor e do cuidado da mãe que acode o lactente para ilustrar o doce cuidado de Deus para com sua criatura, como reconhece Jó no

---

104 ALLENDE, Isabel. *Afrodita*. Milão: Feltrinelli, 1997, p. 134. Tradução italiana.

momento da gratidão por sua atenção, e antes de passar ao veemente registro do lamento:

> Não me vazaste como leite
> e como queijo não me coalhaste?[105]

Não me filtraste benevolentemente com teus dedos, parece dizer Jó ao Senhor, tratando-me como leite, tornando-me leite? Não vemos aqui, em ação, o processo de personificação da metáfora já notado no caso da fome? A pessoa tem fome, e isso basta para que a fome se torne a pessoa esfomeada. Quem quer dar atenção e cuidados à criança, lhe dá leite, e quem é rodeado por cuidados e atenção se torna leite, manipulado pelas mãos divinas e coagulado até se tornar queijo.

"Eu vos dei leite a beber, e não alimento sólido porque ainda não podíeis", escreve Paulo aos Coríntios, comparando os cristãos neófitos a crianças que se nutrem apenas de leite e não toleram alimentos sólidos. "Havei-vos feito tais que necessitais de leite, e não de sólido mantimento", repete o apóstolo de Tarso aos hebreus. Eu vos dei leite, ele havia explicado um pouco antes, porque não podia *falar* convosco, éreis "crianças em Cristo". No lugar do verbo que não compreendestes, vos dei palavras de leite, para que pudésseis crescer em vista da salvação, já que, como também salienta Pedro na primeira carta, "desejai o leite espiritual e genuíno". Desta forma, continua Pedro, retomando o salmo, "provaram que o Senhor é bom".[106] Deus se fez leite, nutrição primária, para deixar-se saborear em sua bondade.

---

105 "Nonne sicut lac mulsisti me, et sicum caseum me coagulasti?", Jó 10,10.
106 Citações de Paulo e Pedro em: I Cor 3,2; Hb 5, 12; I Pd 2,2; I Pd 2,3. A referência de Pedro é ao Sl 34,8: "Provai, e vede que o Senhor é bom".

7.3 Ex ovo omnia

Na *Sacra conversazione*, de Piero della Francesca, vê-se um ovo, suspenso por um fio, pender do vértice de uma valva de concha encrustada em um teto muito rico, na direção da cabeça da Virgem (fig. 5). Símbolo da geração, e aqui também imagem da centralidade do espaço, que atrai os olhares naquela direção, o ovo celebra o nascimento da criança, adormecida sobre o ventre da mãe.

A origem da vida, ou melhor, de todo o Universo, a partir de um ovo primordial é um antigo motivo cosmogônico. Graças à sua mágica simetria e à sua forma quintessencial, o ovo serve, desde os tempos do Neolítico, como símbolo primitivo da transformação do caos em cosmos (ordem). Isso deixa transparecer a ideia simples e elegante de que o parto da criação acontece em dois tempos: primeiro, a produção do ovo através de uma força materna, e em seguida, a autoliberação do ser vivente de seu invólucro ou casca inicial. Assim, o ovo é símbolo que ensina por si mesmo a conceber, ao mesmo tempo, a forma-continente e a explosão da mesma.[107]

A história do ovo é a do seu colocar-se em um espaço projetivo: é a história filosófica de uma unidade que dá lugar ao múltiplo, e cada múltiplo se torna novamente uma mônada ovoide pronta a explodir em uma nova criação.

Para responder às questões filosóficas: quem somos nós/o que é o mundo; de onde viemos/de onde vem o mundo; para onde vamos/para onde vai o mundo, o filósofo das crianças Jostein Gaarder parte justamente do ovo para apresentar suas reflexões, depois de ter apresentado, para os pequenos aprendizes de filósofo, regras simples:

---

107   *Cf.* P. Sloterdijk, *Sphären I. Bläsen, cit.*, p. 328-329.

– inclinar-se frente às perguntas inteligentes (porque uma pergunta é muito mais digna do que uma resposta);
– chupar o polegar enquanto se reflete (para concentrar-se melhor em si mesmos, fechando uma das portas de comunicação com o mundo);
– agitar os dedos quando se quiser falar (porque é o movimento do recém-nascido, novo no mundo, e que com o mundo se surpreende, exatamente como o filósofo).[108]

Lembro-me de uma aula de filosofia para crianças que dei na escola elementar de uma cidadezinha perto do lago, com os alunos em uniforme azul que participavam, um pouco perplexos, um pouco sérios, seguindo aquelas regras. Meus materiais didáticos eram uma pedra e um ovo. Com aqueles dois elementos em minhas mãos e nas mãos das crianças, falamos do universo e de sua origem, falamos do tempo, questionando-nos de que modo percebemos como o tempo passa e perguntando-nos se existe tempo sem as coisas. E enquanto isso, o ovo passava de mãos em mãos, e todos prestavam muita atenção para não o quebrar.

Na estrutura do ovo, os estoicos viam a própria complexão da filosofia: a parte externa, a casca, é a Lógica; o branco é a Ética; a parte mais interna, a gema, é a Física. A Lógica é a casca porque representa a ossatura do pensamento válido, que se poderá dizer se é verdadeiro ou falso. A Ética é a clara, parte fluida e viscosa que busca encontrar uma distinção do bem e do mal; a Física é a ciência da natureza em geral, que está no âmago da especulação e dela constitui a parte mais rica e solar, exatamente a gema.[109]

---

108   GAARDER, Jostein. *Hallo? – Er det noen her?* Gyldendal: Novsk Forlag, 1996. Tradução italiana: *C'è nessuno?* Florença: Salani, 1997.
109   A comparação histórica do ovo com a filosofia em Diógenes Laércio, *Vite dei filosofi, cit.*, I, 257 (I, VII, 1).

Além de símbolo e metáfora, o ovo é, obviamente do ponto de vista dos humanos e não do das galinhas, sobretudo em qualidade alimentar, um alimento proteico por excelência, cujo benefício as dietas médicas sempre debateram. Certamente o ovo sempre foi considerado um alimento rico e – seja por essa riqueza, seja por seu conteúdo simbólico de princípio original – apto para as puérperas.

A miniatura da figura 6 (século XV) representa o nascimento de Josafá, um príncipe indiano – a rainha-mãe usa a coroa – que teria sido convertido à religião cristã por Barlaão, segundo um *epos* do fim da época medieval. No terraço, os astrólogos interrogam as estrelas; na cozinha, uma mulher cozinha ovos (fig. 7). No quarto, uma serva apresenta o recém-nascido à mãe puérpera, enquanto outras duas servas trazem a refeição à base de ovos, símbolo e princípio da vida.[110] Aquilo que dá origem à vida, de onde derivam todas as coisas, também é aquilo que é comido, na troca perene de atributos e significados peculiar à linguagem metafórica.

7.4 *A fenomenologia do "espírito"*

Tentemos partir, ao examinar uma bebida filosófica como o vinho, da leitura textual do ditado, antigo mas ainda bastante atual, que diz *in vino veritas*, "a verdade está no vinho". Deixemos de lado, portanto, as explicações materiais segundo as quais a pessoa em estado de ebriedade perde os freios inibidores e revela coisas que, talvez, em estado de sobriedade jamais teria se permitido dizer. Ao pé da letra, o ditado diz que a verdade está no vinho, e sabemos que as leis do

---

110 Lenda de Barlaão e Josafá, Ms. membr., séc. XV, c. 2r (AC. XI.37). Milão: Biblioteca Nazionale Braidense.

imaginário nos permitem, com base nisso, dizer que o vinho é a verdade.

Um conceito filosófico de grande importância está subentendido na expressão, o conceito de espírito (*pnéuma, spiritus, esprit, Geist*...). Em sua polissemia, o termo espírito significa de fato emanação volátil de um corpo, gás, produto de destilação, e é sinônimo de álcool; mas designa também o pensamento, a realidade pensante em geral, o sujeito da representação com suas leis e a sua atividade própria. Indica também a argúcia, o intelecto, e nesse caso é sinônimo de engenho. Nesta polissemia e neste parentesco (ou melhor, falsa amizade) com os termos-irmãos[111] nas línguas europeias, "espírito" se presta a muitos equívocos de tradução: de fato, frequentemente o francês *esprit* seria oportunamente traduzido, em vez de *spirito* ("espírito" em italiano), pelo italiano *ingegno* ("engenho", "inteligência"), ou até mesmo por *genio* ("gênio"); e o alemão *Geist*, pelos italianos *mente* ("mente") ou *pensiero* ("pensamento"). Mas enfim. Todos se levantaram, dizia Manzoni, e levantemo-nos nós também, mesmo que, em pé, não consigamos ver melhor do que sentados... Mantenhamos os equívocos da língua.

Voltando ao vinho, ou melhor, à bebida de conteúdo alcoólico obtida pela destilação do suco de uva, temos um líquido que contém espírito e que nos torna espirituosos – deste processo metafórico, tão frequente quanto bizarro, devemos já ser perfeitamente eruditos a esta altura. E como a precisão não é o dote principal do imaginário, podemos também dizer que o vinho é espírito, mesmo que não tenha passado pelo procedimento de vaporização e condensação do vapor que separa um líquido não volátil das substâncias

---

111   A autora aqui faz uma brincadeira com a expressão "falsa amizade" ("falsa amicizia"), referindo-se aos falsos cognatos ("falsi amici": falsos amigos) entre os idiomas.

voláteis nele dissolvidas, analogamente ao que acontece no caso da *grappa*, como aquela que nosso amigo Gianni destilava em um pátio com peras e cerejas, preenchendo a cidadezinha inteira, naquela época, com um perfume fortíssimo de fruta destilada.

Mas se o vinho é espírito, continuemos o silogismo, a verdade é aquele espírito que eu bebo e que me inebria com as suas exalações. Intui-se então o que Hegel queria dizer quando definia a verdade como um "bacanal orgiástico no qual não há um participante sóbrio":[112] a verdade é uma alegria de espírito e pensamento, da qual todos fazem parte enquanto hóspedes do banquete divino no paraíso de Dante. Hegel, que todos os anos abria uma garrafa de vinho tinto no dia do aniversário da tomada da Bastilha e trocava com Schleiermacher endereços de lojas de vinhos e licores, parece interessar-se tanto pelo espírito da mente quanto pelo do vinho: a realidade histórica, por exemplo, não é que precisemos eliminá-la totalmente: basta impregná-la de espírito, como o sal impregna agradavelmente os alimentos, diz Hegel, insistindo também, nesta passagem, na capacidade do espírito, como do sal, de tornar gostosos – no seu caso, "espirituosos" – os alimentos a serem consumidos; literalmente, a positividade da história.

"Estão bêbados de vinho doce!", assim dizia, fora de si, maravilhada, a multidão de hebreus devotos, provenientes de todas as nações do mundo, que se encontrava em Jerusalém durante a festa de Pentecostes e que ouvia os apóstolos, sobre os quais havia descido o Espírito, falarem em diversas línguas. Pois então, os apóstolos eram como bêbados, porque estavam cheios do espírito: estavam ébrios de espírito divino.

---

112 HEGEL, G. W. F. *Die Phänomenologie des Geistes*. Tradução italiana: *Fenomenologia dello spirit*, Florença: La Nuova Italia, 1996, p. 105.

Talvez seguindo essa tradição neotestamentária é que Kierkegaard, autor pródigo em metáforas de bebidas (em vez de metáforas de comidas), joga com o campo de imagens de verdade / espírito / vinho. "In viro veritas" é o título da primeira parte de *Stadi sul cammino della vita*, uma obra de 1845.[113] Como no caso da comida nas passagens kierkegaardianas lembradas no capítulo 5, aqui também o vinho é imagem da memória, ou melhor, da recordação: "o engarrafamento da recordação deve conservar o perfume do vivido", mas apenas o perfume, a sua quintessência. Não tem importância conhecer o lugar preciso de um evento, o dia e o ano. Basta conservar o sentimento das coisas, enquanto seus contornos, sua "dadidade",[114] perdem-se e a essência do evento se concentra no fundo da ampola: "como o vinho generoso ganha muito ao decantar-se, porque as partículas de água se evaporam, da mesma forma a recordação ganha muito eliminando as partículas de água da memória".

Kierkegaard retoma aqui a distinção entre recordação e memória examinada por Agostinho nas *Confissões*, mas sua conclusão é divergente daquela do Padre da Igreja. Agostinho de fato notava que os eventos que se confiam à memória são como a comida "passada pelo ventre", que perde, na recordação, o sabor originário e evoca sentimentos já brandos, às vezes também contrastantes com os originais: podemos assim repensar com prazer uma tristeza anterior ou com

---

113 KIERKEGAARD, Søren. "In vino veritas". Genova, 1990 [La Spezia : Fratelli Melita, 1990, Milão: Rizzoli, 1993] (reedição da editora Carabba. Lanciano, 1910). Tradução italiana de K. Ferlov. Citações: p. 13 ("o engarrafamento da recordação"); p. 26 ("como o vinho generoso"); p. 23-24 ("a ebriedade do silêncio"); p. 31 ("beber vinho em um banquete"); p. 32 ("*in vino*").
114 NT: em italiano, "dadità"; em alemão, "Gegebenheit". Significam o modo como um objeto é "dado" (ou seja, se revela) à consciência.

tristeza uma alegria vivida[115]. Kierkegaard, em vez disso, parece querer dizer, com a imagem do vinho que se carrega de aroma e sabor quando a água evapora, que os sentimentos da recordação, destilando-se, concentram-se e se tornam mais intensos e vivazes.

A recordação, desta forma, torna-se inebriante, como pode ser, insiste Kierkegaard fazendo variações sobre o tema da ebriedade, o silêncio, ainda mais inebriante que o copo que o bebedor leva aos lábios com pressa. Depois invoca – contradizendo-se, talvez, mas também acrescentando a sugestão provocada pela imagem – o frescor de uma fonte borbulhante que apaga o desejo: apenas sentindo o borbulhar da fonte eu poderei – diz Kierkegaard – "beber vinho em um banquete", ou mesmo participar da união e da festa dos convivas, único lugar em que se pode falar "'*in vino*', e nenhuma outra verdade [deve] ser sentida a não ser aquela que é '*in vino*', quando o vinho é uma defesa da verdade, e a verdade, uma defesa do vinho".

Neste caso, o *con-vito* ("banquete"), o "con-vívio" retorna a ser aquilo que é, o viver junto, o símbolo da união que nasce ao se comer e ao se beber em comunhão.

Não faz muitos anos, enquanto visitávamos uma comunidade *amish* da Pensilvânia, mostraram-nos uma casa-museu. Entre os outros locais, nos fizeram conhecer uma cozinha, com uma mesa de refeições circundada por cadeiras e bancos de madeira, o aparador encostado na parede. A mesa estava aparelhada com toalha e louça, e parecia que estávamos em nossa casa, mas o guia explicava como se fosse um evento extraordinário: os membros da família ainda se sentando à mesa no mesmo momento e cada um em seu lugar, ali o pai,

---

115 Agostinho, *Confissões*, X, XIV.

ali a mãe, e todos comendo juntos, conversando, as refeições preparadas em casa. Se todos nós já não perdemos este mundo, parece que logo o perderemos. E quando nos tiverem convencido de que a produção dos alimentos em casa e o convívio cotidiano são valores superados, saudaremos como uma conquista o recipiente com a comida preparada para ser comida individualmente, em frente à TV, como a família de *Matilde* de Roald Dahl, e nos sentiremos felizes e emancipados.

8

Excesso de comida e palavra, ou o pecado da gula

8.1 Vícios e pecados

A introdução de uma dieta filosófica como vimos propo-rem Kant, Kierkegaard ou Wittgenstein nasce compreensivel-mente da preocupação com as consequências das desordens provocadas por um regime não equilibrado. Uma dieta são regras de alimentação, que vão na direção do equilíbrio e da temperança. O que se quer evitar é um jejum excessivo de uma parte, que levaria à fome e à exaustão e, de outra parte, uma imoderação exagerada na ingestão de alimentos mate-riais e espirituais, o que levaria, por sua vez, a uma plenitude e a uma saciedade contraproducentes, até talvez pecaminosas.

Mesmo no caso do excesso de comida, condenado pela doutrina cristã como pecado ou vício da gula – explicaremos em seguida a diferença –, opera a analogia entre comida e palavra, ou melhor, aqui ela está mais ativa do que nunca.

Trataremos deste argumento agora, como conclusão e coroamento da pequena crítica da razão culinária. Mas para destrinchar um tema teológico-filosófico-psicológico de tal importância, é preciso introduzir alguns conceitos básicos que nos permitirão trabalhar de forma mais ágil com estes materiais.

O primeiro desses conceitos tem a ver com a distinção entre vícios e pecados, bem como suas semelhanças. Vícios e pecados são, ambos, manifestações do mal, são esquematizações das inumeráveis formas sob as quais o mal pode se revelar. No caso ético elaborado pela doutrina cristã, e que aqui nós analisamos porque é aquele que herdamos e com o qual devemos, querendo ou não, lidar, o mal é a negação da vontade divina e de sua ordem. O mal é uma falácia da vontade humana, que permite que o maligno entre em nós na forma de espírito (mais um significado para o termo "espírito", desta vez respiro, vento, sopro) através das aberturas dos cinco sentidos, aquelas espirais que perfuram nossa pele e nos abrem e fecham ao mundo exterior.

Os vícios, retornando às características que os distinguem dos pecados, são, por unânime reconhecimento de escritores cristãos e pagãos (ver Aristóteles[116]), disposições do caráter, tendências e inclinações ao pecado com as quais se nasce: uma pessoa vem ao mundo gulosa ou irascível, assim como uma outra pessoa nasce com pernas tortas ou cabelos pretos. Os vícios são, em resumo, espécies de premissas psicológicas à transgressão verdadeira e própria que é representada, por sua vez, pelo pecado. Eis-nos no ponto: o pecado pressupõe a intervenção da vontade, nasce de uma intenção deliberada e colocada em ação voluntariamente.

---

116 Aristóteles, *Etica nicomachea*, 1106b-1107a.

A diferença pode agora ser claramente reconhecida no poema de Dante: os vícios são más disposições que podem ser expiadas no purgatório; os pecados são más ações que devem ser punidas no inferno. Estabelecida a distinção, vamos à exceção. Frequentemente a linguagem, às vezes descuidada como uma dona de casa desordenada, usa os dois termos como sinônimos, ou pelo menos não se preocupa com suas discrepâncias. Isto, para explicar por que às vezes encontramos os dois termos, vício e pecado, usados de forma indiferenciada.

O segundo conceito básico que é oportuno conhecer para trabalhar este tema é a ordem e o número de pecados e/ou de vícios na doutrina cristã. Estamos de fato habituados a recitar os pecados capitais em ordem, quem os aprendeu, partindo da soberba, o primeiro e o mais importante, cronológica e conceitualmente, como se isto nos livrasse da possibilidade de equívocos e de exceções: soberba, avareza, luxúria, ira, gula, inveja, preguiça. Note-se que as iniciais destas palavras (em italiano) formam uma palavrinha sem sentido, *saligia*. Esta era e é uma ajuda mnemônica, uma *vox memoralis* para lembrarmos da ordem e do número, inventada por volta do século XIII, quando a héptade dos vícios apareceu na literatura religiosa, na forma consolidada que a conhecemos hoje, para depois passar à poesia, como a dantesca.

Mas antes de conseguir esta estrutura (número de sete e disposição em *saligia*), os vícios/pecados tiveram de cumprir um longo trajeto, que citaremos apenas superficialmente. O importante de fato, em nosso caso, é realçar que, por muitos séculos e por muitos pensadores, a prioridade, nos vícios e nos pecados, era da gula, e não da soberba.

De que gênero era o pecado cometido na origem da humanidade? "Que pecado foi o de Adão?", perguntava o meu livreto de catecismo (e Eva?), na pergunta número 23. Resposta: "O pecado de Adão foi um pecado grave de soberba". Tudo ilustrado com a figura de dois adolescentes (na ilustração, Eva está presente) com cabelos loiros e anelados, vestidos com peles, e de um anjo infantil com a espada flamejante e uma grande serpente que se enrola em espiral. Eu gostava muito da ilustração, mas não da resposta. Por que pecaram por soberba os nossos progenitores – eu me perguntava, angustiada pelo temor de estar cometendo heresia –, e não por gula ou avidez?

Da mesma forma (descobri algumas décadas depois) pensava o autor cristão Cassiano (séculos IV-V), aquele que introduziu, a partir do Oriente, a doutrina dos *oito* pecados capitais, quando observava que o pecado original de Adão e Eva recaía na gula.[117] Foi apenas com Gregório Magno, Papa e teólogo que viveu no século VI, que a soberba se tornou o âmago da vida moderna, o primeiro pecado do homem paralelo ao primeiro pecado do Diabo, e foi então que a soberba ultrapassou a gula no elenco dos pecados e foi colocada à margem, como um superpecado causador dos sete. Então a numeração ainda era oito, em que a soberba tinha uma posição particular, de rainha, e causa de todos os outros pecados. Na disposição do Papa Gregório, o primeiro pecado da série era a vanglória, que em um certo momento foi absorvida pela própria soberba, fazendo com que o número de pecados ou vícios mudasse para sete, em analogia com todas as outras héptades que já organizavam o mundo (os

---

117 "Octo sunt principalia vitia, quae humanum infestant genus, id est, primum gastrimargia, quod sonat ventris ingluvies [...]". CASSIANO, "De octo principalius vitiis", *in* MIGNE, *Patrologia latina*, 49, col. 612.

sete planetas, as sete partes do corpo, as sete cores, os sete metais, os sete ventos etc.).

Mas, para Cassiano, para a tradição monástica em geral e provavelmente também para o imaginário popular, junto a outros autores que continuaram a levantar o problema pelo menos até o século XIII, como Tomás de Aquino,[118] era a gula o primeiro pecado em ordem de tempo e de importância.

Por que este segundo conceito (a posição da gula no número dos pecados/vícios) também é relevante para o meu contexto? Porque a desordem da gula, o pecado da boca, é contemporaneamente desordem da palavra ou pecado da língua, e é importante saber que um filão relevante da tradição a colocava em posição de maior peso e relevância, como primeira da fila, tanto cronológica quanto conceitualmente.[119]

8.2 *Ganância e loquacidade*

Adão, portanto, pecou, relatava Cassiano, por *gastrimargia*, termo grego para "gula". Gula que é considerada vício, disposição maligna passível de alteração com a ajuda da vontade, graças ao exercício virtuoso e paciente da abstinência. Não doença, não síndrome bulímica ou anoréxica ou herança genética, como a definiremos agora, mas vício belo e bom, em que o controle do alimento é um meio para combater o pecado – o que explicaria também por que as

---

118 Pareceria que o primeiro pecado possa não ter sido a soberba, mas a desobediência, a gula ou a descrença, questiona Tomás, coletando dúvidas difusas, em *Summa theol.*, II, ii, quaest. 163.

119 Sobre a história e sobre o conceito de vício / pecado fundamental, *cf.* BLOOMFIELD, Morton Wilfred. *The seven deadly sins. An introduction to the history of a religious concept with special reference to medieval english literature*: Michigan, Michigan State College Press, 1952 (reedição em 1967). Interessantes também: ZIELINSKI, Thaddäus. Die Sieben Todsünden. *Süddeutsche Monatshefte*, v. 2, p. 437-442, 1905; e GOTHEIN, Maria. Die Todsünden. *Archiv für Religionwissenschaft*, v. 10, n. 1, p. 416-484, 1907.

sociedades cristãs amavam punir as crianças mandando-as para a cama sem jantar, ou, na Itália, sem fruta.

Examinemos por um instante este vício no mundo pagão. O poeta latino Horácio (I a. C.), que nos deixou um elenco tão estupefaciente quanto misterioso de sete vícios em forma poética, em uma epístola a Mecenas, chama o pecador da gula de *vinosus*, enfatizando, dos dois aspectos principais desta perversão – o excesso de comida e o excesso de bebida (alcoólica) –, o segundo. Aristóteles, entretanto, havia visto no vício da gula a satisfação do prazer do tato, não do paladar, como poderíamos crer: prova disso seria o fato de que os incontinentes

> gozam da satisfação que nasce inteiramente do toque, seja no caso da comida, no da bebida, ou no dos chamados prazeres afrodisíacos. Para isto, um indivíduo que era um glutão, queria que sua garganta se tornasse mais longa do que a de um grou, o que significava que tinha prazer com o tato.[120]

Este glutão, que na *Etica nicomachea* Aristóteles não nomeia, recebe um nome na *Iconologia* de Cesare Ripa, autor de um famoso tratado sobre imagens simbólicas (século XVI); teria sido "Filóstenes Ericínio, tão guloso que desejava ter o pescoço similar ao dos grous, para aproveitar a comida mais longamente, enquanto ela descia para o ventre".[121]

Por isto, Ripa representa alegoricamente a gula com o ventre grande e o pescoço longo, como o grou (fig. 8).

A referência evangélica de maior importância no que se refere à gula, tão importante que nenhum autor cristão

---

120 Citações de Horácio e Aristóteles: Horácio, *Epist.*, 1, 33-40, e Aristóteles, *Ética a Nicômano*, 1118a.
121 Cesare Ripa, *Iconologia* (1603), *in* BUSCAROLI, Piero (Ed.). Milão: TEA, 1992, p. 166. Prefácio de Mario Praz.

deixa de citá-la, está em Paulo, na passagem da carta aos Filipenses que diz: "Muitos há, dos quais repetidas vezes vos disse [...] são os inimigos da cruz de Cristo, cujo fim é a perdição; cujo Deus é o ventre".[122]

Como se realiza a desordem da gula, ou melhor, como se comporta, segundo a patrística e a escolástica, aquele que fez do próprio ventre um deus? Gregório Magno explica de forma bem acurada, elencando em *Moralia* cinco tipos de excesso de gula: pode-se pecar comendo antes da refeição (*praepropere*) – quantas vezes dissemos aos nossos filhos: "Não comam antes de sentarem-se à mesa!"; comendo alimentos muito caros e refinados (*laute*); comendo demais (*nimis*): "Não exagerem!"; com avidez (*ardenter*): "Não se empanturrem!"; e *studiose*, ou seja, consumindo comidas extremamente refinadas. Quem comete estes excessos pode constatar pessoalmente que o abuso da gula atrapalha a capacidade de caminhar, falar e ver corretamente, e faz do guloso um porco, um dorminhoco. A culpa da gula obscurece a limpidez do intelecto.[123] A gula também conduz diretamente à preguiça, porque favorece atividades não ordenadas. A gula também encoraja a luxúria: "a sensualidade encontra quase sempre lugar nos banquetes", prega Gregório.[124]

Não nos deteremos na semelhança entre gula e luxúria, tendo já aprendido com Freud que existe um estreito parentesco entre ingestão e penetração. Quero, em vez disso, chegar ao ponto em que, no pecado da gula, recaem tanto o ato de

---

122   "Multi enim ambulant, quos saepe dicebam vobis [...] inimicos crucis Christi: quorum finis interitus: quorum Deus venter est". Fl 3, 18-19.

123   Confronte-se, por exemplo, a leitura que Giovanni Pascoli faz do episódio de *Purg.* XXII, v. 128 ss.: "E os primeiros parentes gostaram da maçã, o que foi em si a culpa da gula; e a morte entrou no mundo, e uma grave ignorância obscureceu o intelecto outrora límpido". PASCOLI, G. *Sotto il velame. Saggio di un'interpretazione generale del poema sacro*. Bolonha: Zanichelli, 1912, p. 394.

124   Gregório Magno, *Moralia in Job*, I, 10.

ingestão excessiva, voraz e fora do tempo, de comida e de bebida, quanto o ato de pronunciar palavras excessivas em quantidade e qualidade.

Para passar à análise deste ponto crucial, começarei das palavras do poeta e dramaturgo inglês do século XIV Geoffrey Chaucer. O autor de *Os contos da Cantuária* devia ter, no que tange à importância do pecado da gula, dúvidas parecidas com as minhas, pois definia a gula como "causa primeira de nossa confusão", e "original de nossa danação".

Chaucer confronta o problema da glutoneria (*gluttony*) em um de seus contos, "The pardoner's tale".[125] Em particular, Chaucer examina o vício da gula nas duas espécies de excesso (comida e ebriedade); liga depois este vício também a duas outras perversões humanas: blasfêmia e culto do Diabo. Podemos nos perguntar, de forma legítima, por que partir daqui. Mas se consultarmos a literatura sagrada e profana do período ou anterior, se lermos os tratados penitenciais, os sermões, os manuais de instruções religiosas, veremos que a relação aparentemente distante entre gula – de uma parte – e perjúrio, impropérios e blasfêmia – de outra – era corrente. Mesmo se olharmos o *Somme le roi*, tratado sobre vícios e virtudes escrito no século XIII pelo frade dominicano Lorens d'Orléans, o resultado é idêntico: também para Lorens blasfêmia, impropérios, loquacidade e "palavras vãs" caminham lado a lado com a gula.[126] As coisas não mudam ao lermos Pietro Lombardo (século XII), Rábano Mauro (séculos VIII-IX) ou Alcuíno (século VIII). E, novamente, o grande Gregório.

---

125 CHAUCER, Geoffrey. *"The pardoner's tale"*, in ROBINSON. F. N. (Ed.). *The complete works of Geoffrey Chaucer.* Oxford: Oxford University Press, s. d., do qual são tiradas também as citações anteriores.

126 *Cf.* FRANCIS, W. Nelson (Ed.). *The book of vies and virtues.* Londres: Oxford University Press, p. 46. Early English Text Society (EETS), v. 217.

A minha interpretação – se a hipótese da identidade, para o imaginário, entre comida e palavra é exata – parte de um princípio fundamental da doutrina dos vícios em Gregório: sua conexão e sua inter-relação. Os vícios, ilustra Gregório, estão todos coligados, derivam uns dos outros, em cadeia, como explica alegoricamente uma passagem bíblica que Gregório usa como *imago agens*, ou como imagem figurativa que, graças à sua sugestão, ajuda a fixar a lembrança. A passagem (Joel 1,4) diz:

> O que ficou da lagarta, o gafanhoto comeu,
> e o que ficou do gafanhoto, a locusta comeu,
> e o que ficou da locusta, o pulgão comeu.

Esta descrição dos diversos animais que se comem em sequência, a qual, *mutatis mutandi*, creio que relembre a todos a "Fiera dell'Est" [1976], de Branduardi[127] (cujo ponto de partida é, de fato, uma parábola hebraica), representa para Gregório os vícios que se sucedem uns aos outros, como a soberba a partir da avareza; a ira e a luxúria a partir da gula etc. Não apenas os pecados principais são inter-relacionados uns aos outros; também a partir de cada um dos pecados nascem, como efeitos colaterais indesejados, outros males derivados: da *ventris ingluviae* (avidez do ventre, uma outra denominação para o pecado da gula) propagam-se, explica Gregório, "alegria tola, impropérios, imundície, loquacidade, torpor dos sentidos acerca da compreensão" (*inepta laetitia, scurrilitas, immunditia, multiloquium, hebetudo sensos circa intelligentiam*).[128] E isto não apenas à medida que o excesso de comida entorpece o corpo

---

127 NT: "Fiera dell'Est" (1976) é música de Angelo Branduardi, compositor, cantor e multi-instrumentista italiano.
128 Gregório Magno, *Moralia*, XXXIII e XXXI.

e a mente; isto também – e já podemos concluir por nós mesmos – porque como o vinho era espírito, assim a comida é palavra. Isto deveria tornar plausível o fato de que o pecado da gula, que se cumpre através do órgão da boca, apresenta, para a tradição dos autores cristãos, dois aspectos principais: de ser pecado de avidez e também pecado de má língua.

De fato, a boca come e fala. Na maioria das vezes, em condições não pecaminosas, digamos assim, moralmente fisiológicas. Mas em condições patológicas, apoiadas pela inclinação ao vício com a condescendência da vontade, a boca peca, seja por ingestão excessiva de comida, seja pela expulsão excessiva de palavras corrompidas. A boca é, de fato (sabemos), o lugar físico, o solo em que a comida e a palavra se encontram, uma entrando e a outra saindo. A analogia comida/palavra se estabelece até em nível etimológico, como nota Isidoro de Sevilha (560 d.C.-636): "A boca (*os*) é assim chamada porque através dela, como através de uma porta (*ostium*), entram os alimentos e saem as palavras".[129]

Há uma relação entre o ato linguístico e o ato de ingestão de comida até mesmo na anatomia e na fisiologia dos órgãos: a língua é um membro úmido em uma cavidade úmida, pela qual desliza facilmente. Como a comida desliza, assim a palavra também pode, inadvertidamente, deslizar em direção às palavras maldosas e mentirosas.[130] A porta da língua (*linguae ianua*) representa, para Gregório, a abertura em que entra a comida, mas também a abertura da qual sai a nossa intimidade – e revela-se, com o som da voz, o que somos: "Quando queremos nos mostrar, saímos como da porta da língua para descobrir o que somos internamente".[131]

---

129   ISIDORO DE SEVILHA, *Etimologias*, 2 v. Madri: Biblioteca de Autores Cristianos, 1982.
130   C. Casagrande e S. Vecchio, *Metafore della lingua*, cit., p. 54.
131   "Cum manifestare nosmetipsos cupimus, quase per linguae ianuam egredimur,

Este imaginário nos revela que existe uma relação entre comida que entra e palavra que sai: a *loquacitas* e a *voluptas* são sempre escondidas nos banquetes: o vinho solta a língua, sabemos: "Quase sempre os vãos propósitos acompanham os banquetes: quando o ventre se alegra a língua se liberta" e se o corpo se abandona à glutoneria, o coração se deixa arrastar por uma vivacidade sem motivo.[132]

Os excessos da língua são proporcionais aos excessos alimentares, a língua animada pela comida e pelo vinho se deixa levar. Na proibição monástica de se conversar durante as refeições pode-se ler, por consequência, exatamente a tentativa de evitar que a comida que entra se encontre com a palavra que sai, produzindo efeitos perniciosos que se retroalimentam.[133] Uma garganta cheia demais vomitará palavras maldosas e corrompidas: vanilóquio, blasfêmia, perjúrios. O degrau seguinte leva a consequências ainda mais graves: a ligação entre heresia e bruxaria de uma parte e a gula de outra deriva da associação entre o abuso da linguagem sagrada e o abuso de comida e bebida, sempre com base na analogia palavra/comida. A blasfêmia é perversão da palavra sagrada; o guloso que jura tendo em mão a taça de vinho e o herege que altera o justo verbo transgridem a mesma lei, porque fazem uso inapropriado de símbolos linguísticos potentes, degradando assim a verdade eterna que reside por trás do símbolo. A posição é coerente com o logocentrismo cristão, que coloca a palavra divina na base

---

ut quales sumus intrinsecus, ostendamus". Gregório Magno, *Moralia* II, 8. *In* GRÉGOIRE LE GRAND. *Morales sur Job*, livros I e II, introdução e notas de Dom Robert Gillet, O.S.B., tradução de Dom André de Gaudemaris, O.S.B. Paris: Les Editions du Cerf, 1975, p. 267.

132 "Paene semper epulas loquacitas sequitur: cumque venter reficitur, lingua diffrenatur"; "dum corpus in refectionis delectation resolvitur, cor ad inane gaudium relaxatur". Gregório Magno, *Moralia* I, 10.

133 C. Casagrande e S. Vecchio, *Metafore della lingua, cit.*, p. 59.

de sua construção;[134] a língua torna visível a condição do coração humano.

Caso seja importante buscar um fundamento teológico para a metáfora comida/palavra, guloso/blasfemo, temos várias à disposição: várias passagens de Mateus[135] provam que o próprio Cristo fez a associação entre o comer e o blasfemar:

> O que contamina o homem não é o que entra na boca, mas o que sai da boca, isso é o que contamina o homem. O que sai da boca procede do coração, e isso contamina o homem. Porque do coração procedem os maus pensamentos, mortes, adultérios, fornicação, furtos, falsos testemunhos e blasfêmias.

Estas palavras foram pronunciadas por Jesus para criticar a observação dos fariseus ao fato de que os discípulos não haviam lavado as mãos; o fato é que comer moderadamente não tem nada a ver com o pecado: mas é a causa do comer que pode ser pecaminosa, em relação ao desejo do coração.

É isto, creio que apenas agora estamos suficientemente aparelhados para interpretar com conhecimento de causa a passagem de Ezequiel relembrada no capítulo 1. Naquele trecho bíblico, lembremos, o Senhor oferece a Ezequiel um rolo contendo a mensagem que queria que fosse levada ao povo de Israel, e obriga o profeta a comê-lo.

Mas Ezequiel era um profeta, ou seja, aquele que "fala antes" (grego *pró-femi*), aquele que leva uma palavra inovadora que os outros ainda não conhecem. E o estatuto da palavra profética, exatamente pelo seu caráter de mensagem ainda não conhecida, tanto menos aprovada e consolidada,

---

134 *Cf.* YAEGER, R. F. Aspects of Gluttony in Chaucer and Gower. *Studies in philology*, v. 81, 1984, p. 50-51.
135 Mt 15, 11, 17-19.

arrisca incorrer, mais do que qualquer outra palavra, na heresia, ou melhor, na opinião errônea, na blasfêmia. Para que o conteúdo das palavras que entrega a Ezequiel não se altere, o Senhor decide fazer com que ele as incorpore na justa medida. A ingestão correta e não imoderada impede a alteração da mensagem, mantém sua pureza: por isso, as palavras são doces como o mel e podem ser entregues aos destinatários sem risco de serem corrompidas[136]. A palavra sai da boca em uma dimensão não pecaminosa. Nascida na boca, no escuro e protegida, a palavra de sabedoria, primeiro elaborada e cozinhada, e depois ingerida e digerida, sai sob a forma de mensagem sapiente, de missiva filosófica a ser comunicada ao mundo.

---

136   *Cf.* G. Harrus-Révidi, *Psicanalisis del goloso, cit.*

Referências

ABBAGNANO, Marian; ABBAGNANO, Nicola (Ed.). *John Locke. Saggio sull'intelletto umano.* Turim: Utet, 1971.

ALLENDE, Isabel. *Afrodita.* Milão: Feltrinelli, 1997.

ALVES, Rubem A. *O poeta, o guerreiro, o profeta.* Petrópolis: Vozes, 1995 (1. ed.). [Tradução italiana: *Parole da mangiare.* Comunità di Bose: Qiqajon, 1998].

AMOROSO, Leonardo (Ed.). *Maschere kierkegaardiane.* Turim: Rosenberg & Sellier, 1990.

APÍCIO. *Ars culinaria. L'art culinaire, texte* établi, Paris: Les Belles Lettres, 1974. Traduit et commenté par Jacques André.

BARTHES, Roland. *Leçon inaurugarle au Collège de France.* Paris: Seuil, 1978. [Tradução italiana: Lezione. *Lezione inaugurale della cattedra di semiologia letteraria del Collège de France pronunciata il 7 gennaio 1977.* Turim: Einaudi, 1981].

BAUM, Wilhelm. *Ludwig Wittgenstein: Geheime Tagebücher.* Der verschlüsselte Teil der Gmundener Notizbücher. *Saber*, n. 5, p. 24-32 e n. 6, p. 30-59, 1985.

BERTHIAUME, Guy. *Les roles du mágeiros. Etude sur la boucherie, la cuisine et le sacrifice dans la Grèce ancienne.* Leiden: E. J. Brill, 1982.

BIGNONE, Ettore. *L'Aristotele perduto e la formazione filosofica di Epicuro,* 2 v. Florença: La Nuova Italia, 1936, p. 3-19, v. 2.

BLOCH, Ernst. *Tübinger Einleitung in die Philosophie.* Frankfurt: Suhrkamp, 1985. Werkausgabe, Band 13.

BLOOMFIELD, Morton Wilfred. *The seven deadly sins. An introduction to the history of a religious concept with special reference to medieval english literature.* Michigan: Michigan State College Press, 1952. (Reedição em 1967).

BLUMENBERG, Hans. *Lebensthemen.* Stuttgart: Reclam, 1998.

BOCCACCIO, Giovanni. "Chichibío, cuoco di Corrado Gianfigliazzi...", *in Decameron*, VI, iv, 2 v. Milão: Rizzoli, 1979.

BODEI, Remo. *La filosofia nel novecento.* Roma: Donzelli, 1997.

_____. *Sistema ed epoca in Hegel.* Bolonha: Il Mulino, 1975.

BOLZONI, Lina (Ed.). *Tommaso Campanella, Poetica latina. Opere letterarie.* Turim: Utet, 1977.

BOROWSKI, L. E., JACHMANN, R. B., WASIANSKI, E. A. Ch. *Immanuel Kant. Ein Lebensbild* (1804). Halle: Hugo Peter, 1907. [Tradução italiana: La vita di Immanuel Kant narrate da tre contemporanei. Bari: Laterza, 1969].

BRUCKER, Johann Jakob. *Historia critica philosophiae a mundi incunabulis ad nostrum usque aetatem deducta.* Leipzig: Breitkopf, 1749, t. I.

BUSCAROLI, Piero (Ed.). *Cesare Ripa, Iconologia (1603).* Milão: TEA, 1992.

CAPASSO, Silvia Baldelli. "In casa: spesa, salute e cucina", *in* BIBLIOTECA NAZIONALE BRAIDENSE. *La cucina della biblioteca. Libri e immagini del territorio milanese e lombardo--veneto.* Milão: Viennepierre edizioni, 1994.

CASAGRANDE, Carla; VECCHIO, Silvana. Metafora della lingua. Custodia della boca e disciplina della parola nei secoli XII e XIII. *Aut aut.* Milão, v. 4, jul.-out. 1981.

CASSIANO. "De octo principalius vitiis", *in* MIGNE, Jacques Paul. *Patrologia latina*, 49, col. 612.

CHAUCER, Geoffrey. "The pardoner's tale", *in* ROBINSON. F. N. (Ed.). *The complete works of Geoffrey Chaucer.* Oxford: Oxford University Press, s. d.

CURTIUS, Ernst Robert. *Europäische Literatur und lateinisches Mittelalter. Berna: Francke,* 1948. [Tradução italiana: Letteratura europea e Medio Evo latino, Florença: La Nuova Italia, 1992, p. 154].

DANTE ALIGHIERI. *Convivio.* Turim: Utet, 1927.

DETIENNE, Marcel; VERNANT, Jean-Pierre. *La cuisine du sacrifice en pays grec.* Paris: Gallimard, 1979.

DE LA REYNIÈRE, Griod. *Almanach des gourmands*, 3 v. Paris: Maradan, 1804.

DE VERVILLE, F. Béroalde. *Le Moyen de parvenir. Oeuvre contenant la raison de tout ce qui a esté, est, et sera: avec demonstrations certaines et necessaires, selon la rencontre des effets de Vertu (1610)*. Marselha: Laffitte, 1984. Fac-símile e transcrição de H. Moreau e A. Tournon, 2 v. [Tradução italiana de A. Frassineti *in* PIQUÉ, B. (Ed.). *L'arte di fare fortuna*. Turim: Einaudi, 1989].

DOHM, Hans. *Mágeiros. Die Rolle des Kochs in der griechisch--römischen Komödie*. Munique: Beck, 1964.

DORNSEIFF, Franz. *Buchstabenmystik*, diss. Leipzig: Teubner, 1916.

_____. *Pindars Stil*. Berlim: Weidmannsche Buchhandlung, 1921, p. 61-62.

FARACOVI, "Ornella Pompeo. L'etica dell'impegno nella generazione sartriana", *in* FRANCIS, W. Nelson (Ed.). The book of vies and virtues. Londres: Oxford University Press, p. 46. EETS, v. 217.

GAARDER, Jostein. *Hallo? – Er det noen her?* Gyldendal: Novsk Forlag, 1996. [Tradução italiana: *C'è nessuno?* Florença: Salani, 1997].

GIANNINI, Alessandro. "La figura del cuoco nella commedia greca", *in* ACME. Annali dela Facoltà di Filosofia e Lettere dell'Università Statale di Milano, XIII, 1960.

GIGANTE, Marcello (Ed.). *Diógenes Laércio. Vite dei filosofi*, 2 v. Roma;Bari: Laterza, 1962, v. 1, p. 73.

GOTHEIN, Maria. Die Todsünden. Archiv für Religionwissenschaft, v. 10, n. 1, p. 416-484, 1907.

GRÉGOIRE LE GRAND. *Morales sur Job, livros I e II*. O.S.B. Paris: Les Editions du Cerf, 1975. Introdução e notas de Dom Robert Gillet, O. S. B., tradução de Dom André de Gaudemaris.

HARRUS-RÉVIDI, Gisèle. Psychanalyse de la gourmandise. Paris: Payot & Rivages, 1994. [Tradução italiana: Psicanalisi del goloso. Roma: Editori Riuniti, 1998].

HEGEL, G. W. F. *Enciclopedia delle scienze filosofiche*. Bari; Roma: Laterza, 1967, I.

_____. *Estetica*. Turim: Einaudi, 1997.

_____. *Fenomenologia dello spirit*. Florença: La Nuova Italia, 1996.

HEMINGWAY, Ernest. *Festa mobile*. Milão: Mondadori, 1964.

ISIDORO DE SEVILHA. *Etimologias*, 2 v. Madri: Biblioteca de Autores Cristianos, 1982.

JEANNERET, Michel. *Des mets et des mots. Banquets et propos de table à la Renaissance*. Paris: José Corti, 1987.

KANT, Immanuel. Osservazioni sul sentimento del bello e del sublime. Milão: Rizzoli, 2002.

_____. *Köche ohne Zunge. Notizen aus dem Nachlass*. Göttingen: Steidl, 1997.

KEMPF, Carl (Ed.). *Factorum et dictorum memorabilium Libri novem*. Leipzig, 1888.

KENDZIORA, Rüdiger; WYSOCKI, Eva-Margarete. *Epikur am Küchentish. Philosophisches Kochbuck mit preiswerten Rezepten*. Berlim: Frielig, 1977.

KIERKEGAARD, Søren. *In vino veritas*. La Spezia: Fratelli Melita, 1990, Milão: Rizzoli, 1993.

_____. *Sul concetto di ironia in riferimento costante. a Socrate (1841)*. Milão: Rizzoli, 1995.

_____. "Postilla conclusive non scientifica alle 'Briciole di filosofia'. Composizione mimico-patetico-dialettica" (1846), *in* FABRO, Cornelio (Ed.). *Opere*. Florença: Sansoni, 1993.

_____. *Prefazioni. Lettura recreativa per determinati ceti a seconda dell'ora e della circostanza, de Nicolaus Notabene, in* BORSO, Dario (Ed.). Milão: Guerini e associate, 1990. Tradução de Nicolaus Notabene.

KORSMEYER, Carolyn. *Making sense of taste. Food and philosophy*. Ithaca; Londres: Cornell University Press, 1999.

LA CECLA, Franco. *La pasta e la pizza*. Bolonha: Il Mulino, 1998, p. 13.

LAKOFF, George; JOHNSON, Mark. *Metaphors we live* by. Chicago; Londres: The University of Chicago Press, 1980. [Tradução italiana: Le metafore in cui viviamo. Roma: L'Espresso, 1982].

LEISEGANG, Hans. *Pneuma Hagion. Der Ursprung des Geistbegriffes der synoptischen Evangelien aus der griechischen Mystik*. Leipzig: Hinrichs'sche Buchhandlung, 1922.

LENDA DE BARLAÃO E JOSAFÁ. Ms. membr. séc. XV, c. 2r (AC. XI.37). Milão: Biblioteca Nazionale Braidense.

LUMENBERG, Hans. Licht als Metapher der Wahrheit. *Studium generale*, v. 10, p. 432-447, 1951.

LUZIO, A. (Ed.). *Teofilo Folengo. Le Maccheronee*, 2 v. Bari: Laterza, 1911, v. 2.

McCRACKEN, Janet. *Taste and the household. The domestic aesthetic and moral reasoning*. Albany, NY: Suny, 2001.

MEDDAUGH, Susan. *Martha speaks*. Boston: Houghton Miffin, 1992.

NAUMANN, Walter. Hunger und Durst als Metaphern bei Dante. *Romanische Forschung*, v. 54, p. 13-36, 1940.

ONFRAY, Michel. Cynismes. Portrait du philosophe em chien. Paris: Grasset, 1990. [Tradução italiana: *Cinismo. Princípi per un'etica* lúdica. Milão: Rizzoli, 1992].

_____. La raison gourmande. Paris: Grasset, 1995.

_____. Le ventre des philosophes. Paris: Grasset, 1989.

PASCOLI, G. Sotto il velame. Saggio di un'interpretazione generale del poema sacro. Bolonha: Zanichelli, 1912.

PIRANDELLO, Luigi. *Il fu Mattia Pascal* (1904). Milão: Mondadori, 1988.

PRETI, Giulio (Ed.). *La regola del gusto*. Bari: Laterza, 1967.

RABELAIS, François. *Gargantua e Pantagruele*. Turim: Einaudi, 1973.

RUMOHR, C. F. von. (Ed.). *Joseph König. Geist der Kochkunst*. Stuttgart;Tübingen: Cott, 1822.

SARTRE, Jean-Paul. *La nausée*. Paris: Gallimard, 1938.

_____. *Situations* I. Paris: Gallimard, 1947.

SLOTERDIJK, Peter. *Sphären I. Blasen*. Frankfurt a.M.: Suhrkamp, 1998.

SOR JUANA INÉS DE LA CRUZ. *The answer / La respuesta*. Nova Iorque: The Feminist Press, 1994.

SPARKES, B. A. The greek kitchen. *The Journal of hellenic Studies*, v. 82, 1962.

STEINER, George. *Real presences*. Chicago: University of Chicago Press, 1989. [Tradução italiana: *Vere presenze*. Milão: Garzanti, 1992].

VIANO, Carlo Augusto (Ed.). *Teorie etiche contemporanee*. Turim: Boringhieri, 1990.

VILLEY, P. (Ed.). *Michel de Montaigne. Les essais, 3 v.*, Lausanne: Guilde du Livre, 1965. [Tradução italiana: *Saggi*, por Fausta Garavini, 2 v. Milão: Adelphi, 1966, III, XIII, p. 1.443].

WEINRICH, Harald. *Lethe. Kunst und Kritik des Vergessens*, Munique: Beck, 1997, p. 124-125. [Tradução italiana: *Lete. Arte e critica dell'oblio*. Bolonha: Il Mulino, 1999, p. 132-133].

WEISCHEDEL, Wilhelm. *Die philosophische Hintertreppe*. Munique: Nymphenburgen Verlagshandlung, 1996. [Tradução italiana: *La filosofia dalla scala di servizio. I grandi filosofi tra pensiero e vita quotidiana*. Milão: Cortina, 1996].

WITTGENSTEIN, Ludwig. Philosophische Untersuchungen. Oxford: Basil Blackwell, 1953; [Tradução italiana: *Ricerche filosofiche*. Turim: Einaudi, 1967].

_____. Vermischte Bemerkungen. Frankfurt a.M: Suhrkamp, 1977, p. 41 [Tradução italiana: *Pensieri diversi*. Milão: Adelphi, 1980].

WOLFE, D. M. (Ed.). *John Milton. Areopagitica (1644)*. New Haven: Yale University Press, 1953 ss., v. 2. Complete prose Works. [Tradução italiana: BIGNAMI, Marialuisa. *Il progetto e il paradosso. Saggi sull'utopia in Inghilterra*. Milão: Guerini e associate, 1990].

YAEGER, R. F. Aspects of Gluttony in Chaucer and Gower. *Studies in philology*, v. 81, 1984, p. 50-51.

YOURCENAR, Marguerite. *Souvenirs pieux*. Paris: Gallimard, 1974. [Tradução italiana: *Care memorie*. Turim: Einaudi, 1981, p. 174].

ZIELINSKI, Thaddäus. Die Sieben Todsünden. *Süddeutsche Monatshefte*, v. 2, p. 437-442, 1905.

Esta obra foi composta em CTcP
Capa: Supremo 250g – Miolo: Offset 75g
Impressão e acabamento
Gráfica e Editora Santuário

Fig.1
Bibliothèque d'un Gourmand. Capa do primeiro volume de Grimod de la Reynière, *Almanach des Gourmands*. Paris: Maradan, 1804, 3 v.

Fig.2
Representação de *mágeiros*, ou cozinheiro-sacrificador. Note-se a faca presa na cinta do avental. MASSON, Olivier. Deux statues de sacrificateurs, *in Bulletin de Correspondance Hellénique*, XC, 1966, p. 17-19.

Fig. 3
Cozinheiro. Figura em terracota, do Berliner Antiquarium. ZAHN, Robert. Maison. *Die Antike. Zeitschrift für Kunst und Kultur des klassischen Altertums*, II, 1926, p. 328-330.

Fig. 4
A filosofia representada como urso que come sua própria pata (*ipse alimenta sibi*). De BRUCKER, Johann Jacob. *Historia critica philosophiae a mundi incunabulis ad nostrum usque aetatem deducta*. Leipzig: Breitkopf, 1742, t. I.